Ingrid Hayek

Doña Laura spielt Bingo
und gewinnt ein Huhn

Für Konrad Hayek

Ingrid Hayek

Doña Laura
spielt Bingo und gewinnt ein Huhn
Reiseerzählungen aus Ecuador

Tyrolia-Verlag · Innsbruck-Wien

2017
© Verlagsanstalt Tyrolia, Innsbruck
Umschlaggestaltung, Layout und digitale Gestaltung:
Tyrolia-Verlag, Innsbruck
Titelbild: Donã Laura aus La Florida
Bildnachweis: Soweit nicht anders angegeben alle Abbildungen
© Ingrid Hayek
Lithografie: Artilitho, Trient (I)
Druck und Bindung: FINIDR, Tschechien
ISBN 978-3-7022-3596-3 (*gedrucktes Buch*)
ISBN 978-3-7022-3608-3 (*E-Book*)
www.tyrolia-verlag.at
E-Mail: buchverlag@tyrolia.at

ENTREMÉS – VORSPEISE

Dies sind die Aufzeichnungen aus einem Land, in dem ich

- Distanzen in Dollar messe
- einen Monokini trage
- Tortillas um 25 Cent das Stück verkaufe
- Lebensbeichten anhöre und aufschreibe
- Tigermilch trinke
- einen Gummistiefel im Schlamm verliere
- Nelson, Nixon, Kelvin und Chávez persönlich kennenlerne
- keine schwarzen Bananen essen möchte
- mit Don Victor in einem Bett schlafe
- beinahe eine Schamanin werde
- einen Knochenbruch mit gefrorenem Fleisch behandle
- vergeblich Kakerlaken in Kühlschränken jage
- in zwei Tagen 1018 Wörter Quichua lerne
- nicht ganz katholische Predigten halte
- in der Disco mit drei Bäuerinnen sitzend tanze
- Kaffee esse
- nackt im Fernsehen schwimme
- Töpfe mitgehen lasse
- vor verrückten Kühen davonlaufe
- im Internet-Café immer einen Schuh ausziehe
- beim Bezahlen einer Stromrechnung fast in Ohnmacht falle
- schwanger Rechtsanwälte verspeise
- von Torten gebissen werde
- Liebesschwüre am Computer korrigiere
- mit schlafenden Kakaobauern verhandle
- das Leid von Flüchtlings-Hinterbliebenen hautnah erlebe
- einem eingeseiften Hund nachlaufe
- in der Sauna unter Wolldecken mit Flöhen kämpfe
- einen bitteren Nachgeschmack von Kakao habe

und *Gringa loca* (verrückte Weiße) heiße

INHALT

2010:
ENTDECKEN

Hoy comienza una nueva etapa.
(Heute beginnt eine neue Etappe.)
Che Guevara, Bolivianisches Tagebuch

ANKUNFT

Juli 2010: Eine lange Menschenschlange wälzt sich in gemächlichem Tempo vom Gepäckausgabeband zum Zoll. Es ist früh am Morgen, die Luft ist warm, aber nicht unangenehm. 17 Stunden Flugreise liegen hinter mir. Nun bin ich in Guayaquil, der größten Stadt Ecuadors, deren Namen kaum jemand kennt, der noch nicht hier war. Auch mir wurde die Stadt erst vor einem Jahr zu einem, wenn auch abstrakten, Begriff.

Wäre nicht mein Sohn im Sommer 2009 mit einer kleinen Gruppe von Österreichern hierhergefahren, um in einem Dorf in der Küstengegend eine Schule zu errichten, dann hätte ich ihn beim Abschied nicht beiläufig gebeten, zu erkunden, ob es nicht auch für mich eine Möglichkeit gäbe, mich dort sozial zu engagieren.

Und hätte der Projektkoordinator Padre Teodoro nicht für eben diese Schule jemanden mit Englisch- und Computerkenntnissen gesucht ... ja, dann würde ich jetzt wohl nicht halb belustigt, halb ungeduldig mit mehreren Laptops als Mitbringsel im schweren Koffer in der inzwischen zum Stillstand gekommenen Warteschlange stehen.

Der Scanner für die Gepäckskontrolle hat genau, als ich an der Reihe bin, den Geist aufgegeben. Der mitleidige Zöllner reiht mich in der Warteschlange des zweiten Scanners hinter einer Großfamilie mit 17 Koffern ein. Als ich endlich an die Reihe komme, geht alles sehr schnell. Meine drei Laptops werden entweder nicht bemerkt oder einfach ignoriert.

Draußen wartet schon, wie angekündigt, der Padre mit einem Schild „Ingrid" auf mich. Nachdem er mich herzlich mit Umarmung, einem Wangenküsschen und einer Abwehrbewegung bei der zweiten Wangenberührung begrüßt hat, stellt sich heraus, dass es nicht der Padre Teodoro ist, sondern Antonio, ein Mitarbeiter aus Spanien, der vom Padre beauftragt wurde, mich beim Ausgang zu erwarten. Nach einer Weile kommt dann der echte Teodoro. Die Begrüßungszeremonie wiederholt sich: Umarmung, Wangenberührung mit Abwehrhaltung.

In einem alten Mazda-Pickup geht es bei Nieselregen erst durchs Verkehrschaos von Guayaquil, dann durch die schlammige Pampa, gesäumt von Zuckerrohr, Teak-, Bananen- und Kakaobäumen, in drei Stunden nach La Florida, einem kleinen Dorf am Fuße der Anden.

Während der slalomartigen Zick-Zack-Fahrt um die vielen Schlaglöcher führen wir eine angeregte Diskussion über die Wirtschaft in Ecuador und der Welt.

Die Ecuadorianer machen sich rührenderweise große Sorgen über Europas Wirtschaftskrise, beklagen aber auch die *dolarización* in ihrem eigenen Land, die ihrer Meinung nach auf schwachen Beinen steht, sollten die amerikanischen Ölfirmen Ecuador den Rücken kehren.

Dolarización - Offizielle Dollarisierung

Von offizieller Dollarisierung spricht man, wenn die ausländische Währung die 100-prozentige Rolle des Geldes übernimmt. Zurzeit haben neben Ecuador nur Panama und El Salvador in Lateinamerika den US-Dollar als Währungsersatz eingeführt. Der US-Dollar ist seit September 2000 die offizielle Landeswährung Ecuadors.

Bei der Dollarisierung verlor die ursprüngliche Währung Ecuadors, der *Sucre*, innerhalb kürzester Zeit drastisch an Wert. Für 25.000 Sucres bekam man 1 USD. Ich habe Leute kennengelernt, die kurz vor der Dollarisierung ihr Haus verkauften, das Geld aber erst nach der Währungsumstellung erhielten und durch die Entwertung so ihr gesamtes Vermögen verloren.

Die Münzen heißen *Centavos*, werden in Ecuador geprägt und sind außerhalb Ecuadors nicht gültig. Dollarscheine hingegen dürfen nicht in Ecuador gedruckt, sondern müssen direkt von der US-amerikanischen Nationalbank bezogen werden.

Andererseits scheint die Dollarisierung doch unbestreitbar zur Stabilisierung der Wirtschaft in Ecuador beigetragen zu haben.

Zwischen den Wirtschaftsdiskussionen versucht der Padre immer wieder per Handy Lourdes, die Koordinatorin der Pfarre für die Schule in meiner Wirkungsstätte La Florida, zu erreichen, allerdings vergeblich. Schließlich erreichen wir La Florida und stellen auch ohne elektronische Hilfsmittel fest, dass sie nicht zuhause ist. Durch die schlammige Dorfstraße, vorbei an aggressiv kläffenden Hundemeuten vor jedem Haus, fahren wir 100 Meter weiter zur Schule, wo Lourdes mit einigen Halbwüchsigen eine riesige österreichische Fahne mit der Aufschrift *bienvenida* (willkommen) hochhält.

LOURDES

Lourdes ist Albino und fällt mit ihren hellblonden Haaren und ihrem weißen Gesicht mindestens so auf wie ich; das gibt mir irgendwie ein Gefühl von Geborgenheit. Sie begrüßt mich besonders herzlich und leistet beim zweiten Wangenkuss kaum Widerstand. Mit ihrem Hund Randú, einem treuherzigen Mischling mit melancholischen Augen, schließe ich gleich Freundschaft. Zumindest ein Hund weniger, der mich einmal beißen wird. Lourdes betet viel und erzählt ohne Unterlass zweideutige Witze, sodass die Witze notgedrungen Gefahr laufen, in die Gebete einzufließen. Dann lacht sie unschuldig verschmitzt und schaut kindlich treuherzig drein, während der Schalk aus ihren Augen funkelt.

Wir werden bei einer Familie im „Zentrum" von La Florida zum Essen eingeladen. In einem kahlen Raum mit rohen Betonwänden steht schon ein Plastiktisch mit geblümter Plastiktischdecke und einigen Plastiksesseln bereit. Es gibt gebratene *Tilapia*, einen lokalen Süßwasserfisch. In der Tischmitte steht ein Behälter mit Gabeln und Papierservietten. Ich gewöhne mich sofort an die einhändige Esstechnik: In einer Hand hält man ein Besteck (Messer, Gabel oder Löffel), die andere Hand wird als Hand benutzt. Der Fisch schmeckt köstlich, meine Tischgenossen nagen Gräte für Gräte säuberlich ab. Beinahe bekomme ich ein schlechtes Gewissen, als ich den Fischkopf verschämt auf den Abfallteller lege. Großzügig, ja verschwenderisch sind die Leute hingegen bei Bananen, die hier im Überfluss gedeihen. Jede kleinste bräunliche Stelle an den Früchten wird herausgeschnitten und gleich als Dünger in die Natur geworfen.

Nach Besichtigung der Kirche, in der die Dorfkinder kreischend Fangen spielen, geht es wieder zur Schule, diesmal zum *centro de computación*. Don Gato, der Elektriker und Alleskönner des Dorfes, begrüßt mich herzlich mit Schraubenzieher und Beißzange. Der Padre erklärt ihm, wo der Nullleiter montiert werden muss, wenn er den Strom von der Straßenlaterne abzwackt und in das Computerzentrum leitet. Computer kann man jetzt noch gar nicht anstecken und benutzen. Aha, also deshalb hat Padre Teodoro vorher mehrmals zu mir gemeint, ich brauche ein paar Tage Erholung und Ruhe, um mich an das Klima und die Leute zu gewöhnen. Und: Der Padre erstaunt mich immer mehr, denn neben Religion, Politik und Wirtschaft scheint er auch von Technik einiges zu verstehen!

PADRE TEODORO

Padre Teodoro ist der Pfarrer für eine flächenmäßig riesige Region von Bergdörfern in der Provinz Azuay im Südwesten Ecuadors. Neben Theologie hat er auch Philosophie studiert und eine Mechanikerlehre gemacht. Er setzt sich laut protestierend für die Umwelt ein, singt selbstkomponierte Lieder, tröstet Greisinnen, animiert Kinder, verzehrt alle vorgesetzten Riesenmahlzeiten ohne mit der Wimper zu zucken, liebt philosophische Gespräche bei langen Autofahrten, vergisst dauernd irgendetwas, ist genial-chaotisch und gibt nie klare Antworten auf die praktischen und naiven Fragen einer ebenfalls etwas chaotischen *Gringa*.

Im Pfarrhaus neben der Kirche werde ich für die nächsten Wochen Lourdes' Zimmernachbarin sein. Die Einrichtung meines Zimmers ist eher spartanisch: ein Stockbett und ein Plastiksessel. Das obere Bett wird mir als Kleiderablage dienen, der Sessel als Schreibtisch. Viel werde ich hier ohnehin nicht brauchen.

Nun verabschiedet sich der Padre von mir mit zwei Wangenküssen und von Lourdes mit der Bemerkung „Lourdes kriegt nur ein Küsschen", und endlich werde ich aufgeklärt: In Ecuador küsst man nur einmal! Beherrschung ist angesagt – zumindest für die nächsten acht Wochen.

Begrüßung und Anrede

Händeschütteln ist in Ecuador gebräuchlicher als in Europa. Werden zwei Personen einander vorgestellt oder stellt man sich selbst anderen Leuten vor, ist es selbstverständlich, sämtlichen Betroffenen die Hand zu geben. Ebenso geben bereits miteinander bekannte Personen bei jedem Treffen einander die Hände. Bei *reuniones* (Versammlungen) im kleineren Kreis, also bis zu 30 Personen, macht jeder neu Hinzugekommene die Runde und schüttelt jedem bereits Anwesenden die Hand. Da Pünktlichkeit keinesfalls zu den Tugenden der Ecuadorianer zählt, zieht sich die Dauer der zu allen möglichen Anlässen stattfindenden *reuniones* in ungeahnte Länge, weil Besprechungen laufend durch Zuspätkommende, die händeschüttelnd die Runde machen, unterbrochen werden.

Die Standard-Begrüßungsformel lautet „Guten Tag, wie geht's?", wobei die Antwort auf die Frage nach dem Wohlbefinden nicht wirklich interessiert.

Dieses Manko umgeht man als geübter Ecuadorianer, indem man die Antwort gleich selbst in die Frage integriert. Eine typische vollständige Begrüßung klingt also so: *Buenas días cómo está muy bien gracias* (Guten Tag wie geht's gut danke).

Das Ganze läuft ohne Komma, mit der Geschwindigkeit einer Maschinengewehrsalve ab und lässt keine Zeit zum Überlegen, wie es einem eigentlich selbst geht. Vielmehr schießt man gleichzeitig mit derselben Frage zurück. Und das ist gut so, denn sonst würden die Begrüßungsrituale den ohnehin schon enormen Zeitrahmen der Zusammenkünfte sprengen.

Unter Freunden ist es üblich, sich bei Begrüßung und Abschied auf die Wange zu küssen, eigentlich Wange an Wange zu legen, wie in Europa. Dabei „küsst" man ausnahmslos nur einmal, und zwar auf die rechte Wange. Allerdings kommt es auch vor, dass jemand die linke Wange darbietet und die zwei Begrüßenden sich so aus Versehen Mund an Mund berühren (angeblich nicht immer nur versehentlich). Lernt man neue Leute kennen und wird mit einem „Wangenkuss" begrüßt oder verabschiedet, darf man das getrost als Sympathiebeweis werten.

Die Anrede unter Fremden beginnt offiziell mit *Señor* beziehungsweise *Señora* und dem Nachnamen. Persönlich habe ich das in Ecuador aber so nie erlebt. Nur dritte, nicht anwesende Personen wurden manchmal als „Señor Soundso" bezeichnet, meist eher in negativem Zusammenhang.

Normalerweise sprechen sich auch flüchtige Bekannte förmlich mit *Don/ Doña* und dem Vornamen an. Wird *Don/Doña* durch *Amigo/Amiga* oder gar durch *Hermanito/Hermanita* ersetzt, kann sich der Angesprochene über ein freundschaftliches Verhältnis freuen. Bei Respektspersonen wird der entsprechende Titel vorgesetzt, also zum Beispiel *Padre Marco oder el doctor Alberto.* (Ich habe von Anfang an ausdrücklich betont, dass ich keine Respektsperson bin.)

Ecuadorianer verwenden wie alle Lateinamerikaner bei der Anrede im Plural ausnahmslos die Form *ustedes*, also „Sie". Das spanische *vosotros* (ihr) existiert nicht. Auch bei der Anrede einzelner Personen überwiegt das *usted*. Geduzt wird nur im engsten Familien- und Freundeskreis sowie unter Kindern und jungen Jugendlichen. Am Land ist es durchaus üblich, dass Ehepaare einander mit *usted* anreden. Sogar Hunde werden per Sie verscheucht! („Da, fressen Sie, und dann marsch, verschwinden Sie!").

In größeren Städten und touristischen Gebieten haben sich die Einheimischen durch den Umgang mit den *gringos* bereits an das Du gewöhnt.

Ich schlafe durch bis vier Uhr früh. Als Lourdes merkt, dass ich wach bin, beginnt sie gleich ein Morgengespräch über zwei Wände hinweg. Die Wände reichen nicht bis zur Decke, was die Konversation ungemein erleichtert. Abgesehen davon gehört Lourdes nicht zu der kaum existenten Gruppe schweigsamer Ecuadorianer.

Um sechs Uhr wird es innerhalb von drei Minuten „hell", das heißt düster-hell. *Hace frío* (es ist kalt) sagen die Einheimischen bedauernd zu mir, *para mí agradable* (für mich ist es angenehm) ist meine Standard-Antwort. Tatsächlich bewegt sich die Temperatur Tag und Nacht konstant zwischen 22 und 26 Grad. Trotzdem ist das Wetter recht abwechslungsreich: Meist nieselt es, manchmal auch so fein, dass man die wie ein Schleier sich lautlos herabsenkenden Tropfen nicht sieht, sondern nur spürt. Dazwischen schüttet, plätschert oder gießt es; genauso gut kann es aber auch normal regnen, und zeitweilig beschränkt sich die Luft auf diesige 100 Prozent Feuchtigkeit.

Schon bald klopft es an der Tür: etwas schüchtern fragt ein kleines Mädchen nach *hermanita* (Schwesterchen) Lourdes. Wir beginnen eine ausführliche Konversation über meine Familienverhältnisse. Ein mitleidiger Blick streift mich, als ich gestehe, dass ich nur einen Vornamen und zwei Kinder habe. Triumphierend zählt sie ihre sämtlichen Familienmitglieder mit sämtlichen Namen auf, jedes Familienmitglied hat mindestens drei. Ihr Name ist Blanca Xiomara Chávez, und sie lächelt geschmeichelt, als ich ihr sage, dass sie so heißt wie der Präsident von Venezuela. Wir schieben eine kleine Mathematikstunde ein, in der wir abklären, ob es möglich ist, dass sie fünf Schwestern und sechs Brüder hat und sie insgesamt acht Geschwister sind. Sie lässt sich auf drei Brüder herunterhandeln und gibt dann zu, dass es sich insgesamt vermutlich um neun Geschwister handelt.

Schließlich machen wir uns gemeinsam auf den Weg zum *colegio*.

Die Schule wurde letztes Jahr von den *Amigos de Austria* errichtet, einer Gruppe Österreicher um den Innsbrucker Konrad Piok, die jedes Jahr ein anderes Dorf in der Provinz besucht, um dort Gebäude für soziale Zwecke aufzustellen oder herzurichten. Mein Sohn war dabei und fragte aufgrund meines Interesses, ob sich ein Tätigkeitsfeld für mich ergeben würde. Mit der Aussage des Padre „Jetzt haben wir eine Schule und keinen Lehrer für Englisch und Computer" bot sich die Gelegenheit, wie aus der Pistole geschossen zu sagen: „Meine Mama macht das gern!", und deshalb bin ich jetzt hier.

Ich platze mitten in die Abschlussprüfungen, die erste Prüfung ist gerade fertig. Der 64-jährige Seniorschüler Don Florencio (der die Prüfung mitmacht) begrüßt mich überschwänglich mit *einem* Wangenkuss (ich habe schon dazugelernt).

Lourdes möchte, dass ich die Religion- und Sozialkunde-Prüfungen anhand ihres Musterexemplars korrigiere. Allerdings gibt es da mehrere Probleme, zunächst einmal wieder ein mathematisches: Pro Aufgabe werden maximal 20 Punkte vergeben. Lourdes möchte, dass man pro Frage bei richtiger Beantwortung zwei Punkte bekommt, einen für die Antwort und einen für die Begründung der Antwort. Da jede Aufgabe fünf Teilfragen hat, kommt man allerdings höchstens auf eine Gesamtpunkteanzahl von zehn. Nach erfolgter Korrektur der Maximalpunktezahl taucht das nächste Problem auf: Woher soll ich wissen, wie weit eine Begründung abweichen darf?

Inzwischen drängen sich jede Menge Schüler um mich. Sie lugen in das Musterexemplar von Lourdes und wollen ihre Prüfungszettel wieder haben, um die Begründung nachträglich draufzuschreiben. Tatsächlich hat Lourdes auf dem Prüfungsblatt nicht explizit eine Begründung verlangt. Das Chaos ist perfekt. Die Zettel werden wieder ausgeteilt und nochmals eingesammelt. Die Schüler drängen sich alle um mich, ich kann die Arme kaum bewegen.

Gleich bei der ersten Frage stolpere ich: Sind die Menschen höherwertig als die übrigen von Gott erschaffenen Kreaturen, ja oder nein und warum?

Die richtige Antwort soll lauten: Ja, der Mensch ist das höchste aller erschaffenen Wesen. Die Antwort des ersten Schülers lautet: Nein, alle Kreaturen sind gleichermaßen von Gott erschaffen. Ich möchte die Antwort gelten lassen; Lourdes aber verweist auf das, was sie im Unterricht gebracht hat. Die Frage ist im Grunde philosophischer Natur. Ich finde, zunächst einmal müsste man den Ausdruck „höchste Kreatur" definieren. Mit einem Schlag ergattere ich die Sympathie nicht nur des betroffenen Schülers. Trotzdem erkläre ich, dass ich mich der verantwortungsvollen Aufgabe des Korrigierens nicht gewachsen fühle, weil ich ja nicht wissen kann, was im Unterricht besprochen wurde.

DOÑA LAURA

Doña Laura lädt mich zum *almuerzo* (Mittagessen) ein.

Doña Laura! Sie ist die Seele des Dorfes, ihr Lachen bringt die Welt in Ordnung. Ich nenne sie *la risa personificada* (das personifizierte Lachen). Doña Laura betreibt einen kleinen Laden im Dorf, zusammen mit ihrem Mann Luis. Doña Laura erntet Kakao und Bananen, schlachtet Meerschweinchen und Hühner, schläft während der Messe ein und weckt ihren Mann beim Essen auf. Doña Laura sorgt dafür, dass die Kirche geputzt wird, dass Glühbirnen in der Schule ausgetauscht werden und dass ich auf keinen Fall verhungere, während ich in La Florida weile.

Ihre Küche ist zugleich Ess- und Wohnzimmer mit der Standardausstattung in diesem Dorf: ein Plastiktisch und ein paar Plastikstühle in einem Raum mit rohen Betonwänden und einem kleinen Fenster, welches das ohnehin düstere Tageslicht kaum in die Höhle dringen lässt; eine schwache Spar-Glühbirne ersetzt das Tageslicht. Ein paar kitschige Fotomontagen von fiktiven Alpenlandschaften kaschieren die nackten Wände kaum, und eine ausgebleichte blaue Kunststoff-Hängematte versucht vergeblich, dem Ambiente etwas Farbe zu geben. Trotzdem vermittelt dieser kahle Raum ein unglaubliches Gefühl von Behaglichkeit: Doña Laura werkt fröhlich plaudernd am Küchenherd, ihre Hunde tollen um und unter dem Tisch herum, ständig auf der Suche nach ein paar Essensabfällen. Nachbarinnen gehen ein und aus und nehmen dazwischen einen *cafecito* zu sich. Luis schlurft vom nebenan liegenden Geschäftsraum herein und fragt mich „Wie ist es denn so bei euch *da drüben?*" Während ich versuche, ein bisschen von Österreich und Europa zu erzählen, nickt Luis am Tisch sitzend ein. Laura setzt sich zu uns und prustet vor Lachen „Schauen Sie, Amiga Ingrid, schauen Sie nur, er ist schon wieder eingeschlafen!"

Lourdes ist hier Dauergast und erzählt einen schlüpfrigen Witz nach dem anderen.

Nach dem Verzehr einiger leckerer *empanadas* (Teigtaschen) überquere ich die „Straße" zur Kirche. Die Kirche ist hier nicht nur das religiöse Zentrum, sondern dient auch als Versammlungsraum, Kinderspielplatz, Hunderaststätte, Disco und vieles mehr.

Jetzt zum Beispiel geht es um die Inskription zu den von mir angebotenen Englisch- und Computerkursen. Das halbe Dorf meldet sich an, Alt und Jung, Arbeiter und Hausfrauen, Schüler und Kleinkinder (ab drei); mein Stundenplan wird immer dichter: Montag bis Sonntag 10:00 bis 21:30 Uhr. Wann soll ich mich vorbereiten? Wie soll ich mir an die 100 Namen merken?

Plötzlich werde ich aufgefordert, eine Antrittsrede vor der versammelten Kirchengemeinde zu halten und bekomme auch schon das Mikrofon in die Hand gedrückt. Was soll ich jetzt aus dem Stegreif sagen?

Drei Dinge gehen mir rasend schnell durch den Kopf:

1. In den zwei Tagen, die ich jetzt in Ecuador bin, habe ich festgestellt: Gefühle werden hier offener, blumiger und inniger ausgedrückt – für europäische Ohren ein wenig kitschig.

2. Die Leute in diesem Dorf lachen gern und scheinen Humor zu haben. Darf ich da vielleicht sogar ein bisschen ironisch sein?

3. Ich stehe hier, in der vollen Kirche, habe ein Mikrofon in der Hand und über 100 Augenpaare schauen mich erwartungsvoll an – da bleibt nicht viel Zeit zum Überlegen …

„Liebe Leute! Vielen Dank für die liebevolle Zuneigung, mit der ihr mich empfangen habt. Ich fühle mich so wohl bei euch, so willkommen. Und ich möchte meine Begrüßung mit einer Frage beginnen: Wer in dieser Kirche spricht am schlechtesten Spanisch?"

Perplexes Schweigen.

„Könnt ihr mir das nicht sagen?"

Gespanntes Schweigen.

„ICH, natürlich!"

Lautes Lachen.

„Und trotzdem rede ich, wie ihr bemerkt. Ich mache Fehler, aber ich rede. Wenn ich mich nicht trauen würde zu sprechen, könnten wir uns nicht unterhalten. Es gibt niemanden in dieser Welt, der unfehlbar ist." (Ich stehe während der Rede direkt vor einem Papst-Portrait.) „Wenn man eine Sprache lernen will, ist das Wichtigste, dass man redet. Ohne Reden keine Übung. Ich beiße niemanden, ich bestrafe nicht, ich gebe keine Noten, ihr braucht also keine Angst vor mir zu haben. Und ich bin überzeugt, dass ich auch viel von euch lernen kann. *Gracias.*"

Fröhliche und freundliche Gesichter sind mir zugewandt. Ich glaube, ich bin hier angekommen. Nicht nur im wörtlichen Sinn.

Ja, wo bin ich denn wirklich angekommen? Und was habe ich bis jetzt von Ecuador gewusst?
Geordnet nach meinem steigenden Bildungsniveau war das:
1. Ecuador liegt in Südamerika, und zwar am Äquator.
2. In Ecuador spricht man Spanisch.
3. In Ecuador produziert man Bananen (die es bei uns zu kaufen gibt).
4. Die Hauptstadt heißt Quito und ist mit einer Seehöhe von 2850 Metern die höchstgelegene Hauptstadt der Welt (La Paz in Bolivien liegt zwar höher, die Hauptstadt aber ist Sucre).
5. Ecuador war einmal von den Incas besiedelt.
6. Die Galápagos-Inseln mit ihrer faszinierenden Fauna gehören zu Ecuador.
7. Alexander von Humboldt erkundete Ecuador und bestieg beinahe den Chimborazo. Dieser Vulkan ist mit 6227 Metern der höchste Berg Ecuadors und, aufgrund der leicht ellipsoiden Form unseres Planeten, der Punkt der Erdoberfläche, der am weitesten vom Erdmittelpunkt entfernt ist.

Wie viel habe ich in den letzten 48 Stunden dazugelernt! Zunächst einmal, dass ich mein Wissen ergänzen und korrigieren muss:
1. Ecuador liegt zwar am Äquator, kann aber ganz ungemütlich kühl sein. Außerdem stellt die Orientierung beim Reisen durchs Land eine gewisse Herausforderung dar: Hat man sich endlich daran gewöhnt, dass die Sonne zu Mittag im Norden steht, kann sie – je nach Jahreszeit oder Region – auch im Süden auftauchen.

2. In Ecuador spricht man nicht nur Spanisch, sondern auch über 20 indigene Sprachen. *Quichua* und *Shuar* sind offiziell anerkannt. *¡Hablemos cristiano!* (sprechen wir christlich!) sagen die Leute scherzhaft, wenn Klartext (in Spanisch) gesprochen werden soll.

3. In Ecuador produziert man auch Kakao und Kaffee. Die Einheimischen trinken jedoch fast ausschließlich Nescafé. Schokolade wird nicht gegessen, sondern getrunken: Das köstliche dunkle Getränk wird meist mit etwas Zimt versetzt, nach Belieben gezuckert und mit darin schwimmenden Frischkäse-Stückchen serviert.

4. Quito ist UNESCO Weltkulturerbe. Daneben gibt es noch ein weiteres Weltkulturerbe, nämlich die wunderschöne Kolonialstadt Cuenca in der Sierra. Die größte Stadt Ecuadors ist nicht Quito, sondern Guayaquil an der Küste. Guayaquil ist gefährlich, erzählen mir alle ecuadorianischen Freunde. Die Einwohner von Guayaquil werden halb scherzhaft, halb abfällig *monos* (Affen) genannt.

5. Die Incas gaben in Ecuador nur ein kurzes Gastspiel von etwa 40 Jahren. Sie eroberten Ende des 15. Jahrhunderts Ecuador, unterwarfen die dort lebenden Cañari, und wurden bereits Anfang des 16. Jahrhunderts selbst von den spanischen *conquistadores* unterworfen. (Die von den Incas unterdrückten Cañari hatten sich – wenig verwunderlich – auf die Seite der spanischen Eroberer geschlagen).

6. Die Galápagos-Inseln sind kein einsames Tierparadies, sondern weisen eine Einwohnerzahl von über 30.000 auf.

7. Der Chimborazo ist bei guter Sicht von beinahe ganz Ecuador aus zu sehen. Diese Information kann ich noch nicht verifizieren, weil ich bis jetzt nicht einmal weiß, ob es in Ecuador „gute Sicht" gibt.

Zusätzlich habe ich folgende Erfahrungen gemacht:

Die Zeitverschiebung von sechs Stunden (bezogen auf Europa) kann man in zwei Tagen gut überwinden. Schwieriger hingegen ist die Umstellung auf die *hora ecuatoriana* (ecuadorianische Uhrzeit, „Ecu time"). Die besagt nämlich, dass man zu einem Treffpunkt oder einer Veranstaltung etwa eine Stunde später als vereinbart kommt. Es können aber auch zwei Stunden sein. Oder drei. Oder man verschiebt das Treffen auf den nächsten Tag. Nur eines steht fest: Man kommt keinesfalls pünktlich, gemäß folgender Logik: Wenn Manuel und Luis für neun Uhr ein Treffen „fixieren", weiß Manuel, dass Luis sicher nicht vor zehn Uhr auftauchen wird. Das bedeutet, Manuel kann sich ruhig bis etwa elf Uhr Zeit lassen. Da Luis seinerseits sich natürlich ebenfalls in Manuel hineinversetzt, weiß er, dass Manuel entsprechend später kommen wird, und verzögert sein eigenes Kommen noch ein bisschen. Dieses Spiel könnte nun ewig weiter gehen, bis gar kein Treffen mehr zustande kommt. Da die Ecuadorianer aber sehr gesellige Menschen sind, pendeln sich der Drang nach Unpünktlichkeit und der Wunsch nach Gesellschaft irgendwo ein.

Die Ecuadorianer sind offen und extrovertiert, und diese Selbsteinschätzung tun sie auch kund. Es ist unglaublich leicht, in ein Gespräch verwickelt zu werden – auch wenn man dabei kaum zu Wort kommt. Man kann über Politik diskutieren, Lebensgeschichten lauschen, gemeinsam lachen und man wird bei näherer Kontaktaufnahme sehr bald zum Essen eingeladen. (Das Essen ist ein Kapitel für sich.)

Die Ecuadorianer sind kleingewachsen. In Europa habe ich Durchschnittsgröße, hier komme ich mir wie eine klobige Riesin vor, bezogen auf die Höhe, nicht auf den Umfang. (Das Essen ist, wie gesagt, ein Kapitel für sich.) Umso verwunderlicher ist es, dass die durchschnittliche Tischhöhe hier etwa

10 Zentimeter höher als in Europa ist. Man sitzt wie an einer Bar, nur nicht auf einem Barhocker. Das Essen befindet sich also in Brusthöhe, der Weg zum Mund ist weniger weit (und das Essen ist tatsächlich ein Kapitel für sich).

Das ecuadorianische Spanisch ist weich und melodisch. In Cuenca, so erzählen mir die Leute, *spricht* man nicht spanisch, man *singt* es. Das Vokabular ist durchsetzt von indigenen Wörtern aus der Sprache der Quichua und Cañari, die exklusiv in Ecuador verwendet werden.

Es gibt einige Floskeln und Redewendungen, ohne die eine Konversation undenkbar wäre:

a ver, ausgesprochen „*a verrrrr*" bedeutet
- mal sehen
- echt?!
- Moment
- also, was ist los?
- warten wir's ab
- ist da jemand?
- … und vieles mehr

claro, ausgesprochen „*claaaro*", wobei sich das aaa über mehrere Tonlagen bewegt, bedeutet
- logo
- was du nicht sagst
- echt?!
- sofort (= gleich, bald, irgendwann einmal)
- keine Ahnung wovon du redest
- … und vieles mehr

comer café heißt wortwörtlich übersetzt „Kaffee essen" und ist die stark verkürzte Ausdrucksweise für eine Einladung folgender Art: „Kommen Sie schnell auf einen Kaffee?" Während man auf den Kaffee wartet, wird eine magenfüllende Mahlzeit zubereitet, die man dann auch essen *muss*. Da hilft kein Argument, dass der Magen schon voll ist oder dass man gerade erst vom Essen gekommen ist – schließlich wurde man ja nur auf einen Kaffee eingeladen!

Padre Teodoro weiß dazu wie zu allem und jedem eine Geschichte:

„Als ich eines Tages nach einem mühsamen Aufstieg im Dorf Pahuancay ankam, begrüßte mich die bescheidene Doña Esperanza mit den Worten: ‚Entschuldigen Sie, ich habe nichts weiter anzubieten als einen *cafecito.*‘ Natürlich war der Teller, den sie servierte, übervoll mit allem, was die Küche zu bieten hatte. Wo immer ich den Löffel ansetzen wollte, immer fiel Essen über den Tellerrand. ‚Doña Esperanza, das ist zu viel für mich‘, sagte ich, ‚mit dem, was Sie mir auftischen, habe ich genug für heute, morgen und übermorgen.‘ Sie antwortete in ihrer Schlichtheit: ‚Entschuldigen Sie, lieber Padre, wir arbeiten hier sehr hart, deshalb essen wir tüchtig.‘ An jenem Tag aß ich so viel, bis ich beinahe platzte, nur um der geschätzten Dame zu zeigen, dass auch ich hart arbeitete!“

In Ecuador wird an alles die Silbe *ito* als Verkleinerungsform angehängt; das entspricht dem deutschen -chen oder –lein, bedeutet aber faktisch das Gegenteil:

- *café* = Kaffee
  cafecito = ein Riesen-Nescafé
- comida = Mahlzeit
  comidita = ein riesiger Teller mit einem Berg von Essen
- *fácil* = leicht
  facilito = superleicht, „das haben wir gleich“ (theoretisch!
  – siehe *hora ecuatoriana*)
- *rato* = Weile

ratito = ein kleines Weilchen von nicht unter einer halben Stunde

- *su* = sein (Possessivpronomen)
  suito = „seinchen". Diese Wort hat meines Wissens keine besondere Bedeutung, klingt aber einfach besser als su
- *todos* = alle
  toditos = alle, aber wirklich ALLE

Noch habe ich keine Ahnung von den unglaublich vielen Dingen, die ich lernen und erfahren werde und die eine „neue Etappe" für mich bedeuten.

Gringos und Gringas

Als *gringos* werden in den spanischsprachigen Ländern Südamerikas weiße Ausländer (vor allem Nordamerikaner) bezeichnet. Etymologisch (laut *Breve Diccionario Etimológico de la Lengua Castellana*) leitet sich das Wort vom spanischen *griego* (griechisch) ab, da „griechisch" als Ausdruck für „unverständlich" verwendet wurde, so wie wir im Deutschen sagen: „Ich verstehe nur Spanisch" (was in diesem Fall nicht logisch wäre!).

Ursprünglich verwendete man den Ausdruck *gringo* also für Sprecher fremder Sprachen. Später wurde er auf Menschen weißer Hautfarbe ganz allgemein ausgedehnt und hat stellenweise auch einfach die Bedeutung „blond". (Sämtliche Kriterien treffen auf mich zu.)

Nach weniger wissenschaftlichen Überlieferungen bezieht sich das Wort auf die grünen Soldatenröcke (englisch: *green coat*) der amerikanischen Soldaten im Mexikanisch-Amerikanischen Krieg von 1846 bis 1848. Damals gab es in Mexiko die auf diese Soldaten bezogene Parole *„Greens go home!"* oder vereinfacht *„Green go!"* (ein Vorläufer von „Amis go home") mit negativer Bedeutung. (Diese Kriterien treffen auf mich glücklicherweise nicht zu.)

Tatsächlich aber hat *gringo* eine etwas abwertende Bedeutung für die Lateinamerikaner. Ich stelle mich permanent selbstironisch als *gringa* vor, bis die Leute mich liebevoll *nuestra gringa loca* (unsere verrückte *gringa*) nennen und erstaunt feststellen, dass *gringa* eigentlich ein ganz nettes Wort ist! (*Gringa* ist die weibliche Form von *gringo* und nicht eine spezielle Konjugationsform des englischen Wortes *go*.)

REINE SEELE IN BEFLECKTEM KÖRPER

Eine unruhige Nacht liegt hinter mir. Die Hähne sind nachtaktive Tiere in La Florida, die krähen nicht erst beim Morgengrauen – Petrus müsste sich hier mit dem Verleugnen beeilen. Auch Hunde und Menschen haben einander die ganze Nacht hindurch etwas mitzuteilen. Außerdem schießen mir Hunderte Ideen zum Unterricht durch den Kopf. Punkt sechs Uhr wird dem normalen Nachtlärm ein Ende gesetzt: Ohrenbetäubende ecuadorianische Cumbia-Musik schallt durch den Kirchenlautsprecher. Dann verkündet ein Gemeindebediensteter das Programm des heutigen Tages.

Beim gemütlichen Frühstück mit unbekannten tropischen Früchten spricht Lourdes ein Tischgebet und bedankt sich bei höherer Stelle für meine Anwesenheit.

„Hättest du Lust, zu einer Versammlung im nächsten Dorf mitzukommen?", schlägt sie vor. Lourdes ist erstens an *gringos* gewöhnt, zweitens haben wir gleich Freundschaft geschlossen, also duzen wir uns. Natürlich habe ich Lust auf neue Aktivitäten! Und etwas Bewegung würde ich mir auch gern einmal wieder verschaffen. „Kann ich da zu Fuß hinwandern?" Lourdes zögert kurz, dann meint sie, in einer Stunde müsse der Weg zu schaffen sein.

Kurz darauf traue ich meinen Ohren nicht: Lourdes Stimme ertönt aus dem Kirchenlautsprecher über das gesamte Dorf: „Ingrid möchte zur Versammlung *wandern*. Alle, die Ingrid begleiten wollen, haben sich um neun Uhr bei der Kirche einzufinden. Ich wiederhole: Alle treffen sich um neun Uhr bei der Kirche!". Mir schwant Übles, und so ist es auch: Die ganze Gruppe von 15 bis 20 Leuten fühlt sich verpflichtet, mit mir zu wandern statt mit dem Pickup zu fahren.

Ein wenig missmutig stehen sie, teilweise mit Schirm bewaffnet, im Nieselregen und warten auf die Zuspätkommenden. Mir hätten einige wenige Begleiter genügt, um mich nicht zu verirren. Als Gruppe finden wir den Weg übrigens auch nicht, denn die Wanderung ist für alle eine Premiere.

Immer wieder fragen wir die Bauern der am Weg liegenden *Fincas* (Gehöfte), wo es weitergeht. Der „Weg" ist eine immer tiefer werdende Schlammfurche zwischen Kakao- und Bananenplantagen. Über die ersten Pfützen springe ich noch akrobatisch und von allen bewundert, aber bald sind Schuhe und Hosenbeine ohnehin so schmutzig, dass sich der Aufwand nicht mehr lohnt. Mehrere Flüsse durchwate ich mit Schuhen, da werden sie immerhin gewaschen. Doña Laura hat sich ihre Sandalen bereits zu Beginn zerrissen und humpelt mit schmerzenden Füßen. Irgendwann landen wir wieder auf der Straße und steigen in den Pickup, der uns dort erwartet. Nie hätte ich gedacht, wie mühelos 20 Personen auf zwei Sitzbänken und einer kleinen Ladefläche Platz finden!

Die Veranstaltung im Nachbarort erinnert mich an eine Mischung aus Religionsunterricht für Kinder, US-Fernsehpredigt und populistischer Politikveranstaltung. Das Thema ist die Familie, deren Bedrohung düster geschildert wird: Es gibt immer weniger Kinder (derzeit ist der Durchschnitt am Land etwa acht Kinder pro Familie). Die Eltern kümmern sich nicht mehr um die Kinder, genauso wenig wie um die Großeltern, die in Heime gesteckt werden. Ein utopisches Schreckensszenario… oder auch einfach europäische Realität.

Ein kolumbianischer Wanderprediger redet uns mit aufpeitschender Stimme ein, dass wir einzigartig und wertvoll sind, uns aber auch waschen sollen, zum Beispiel die Füße. Meine von der Schlammwanderung völlig verdreckte Florida-Gruppe schaut sich vielsagend an. Ich wage es kaum, mich mit meiner braunen, ehemals weißen Hose zu den immer wiederkehrenden Gebeten zu erheben. Als uns der Wanderprediger belehrt, dass wir Menschen keine Hühner, sondern

Familien in La Florida

Wie viele Leute leben denn hier in La Florida?, möchte ich eines Tages gern wissen. Darauf gibt es natürlich keine konkrete Antwort. Die Bevölkerung eines Ortes wird nämlich nicht in Personen, sondern in Familien angegeben. Aber auch auf die Frage nach der Anzahl der Familien bekomme ich keine einheitlichen Antworten. Manchmal sind es 20, manchmal 40. Jedenfalls ist hier die Familie das Maß aller Dinge, nicht das Individuum.

Auch die Familienbeihilfe gibt es pro Familie, unabhängig von der Anzahl der Kinder. Trotzdem ist es am Land üblich, sechs bis zehn Kinder zu haben. Mütter mit zwölf bis 14 Jahren und junge Väter mit 16 Jahren sind keine Seltenheit. Das Durchschnittsalter in Ecuador war im Jahr 2010 28 Jahre. Beinahe 60 Prozent der Bevölkerung sind unter 30 Jahre alt.

Andererseits leben die Jungen sehr lange bei ihren Eltern. Daraus ergibt sich ein für Außenstehende wie mich oft verwirrendes Sammelsurium aus Verwandtschaftsverhältnissen: Während die Mutter mit ihrem neunten Kind gerade schwanger ist, wird die Geburt des dritten Enkels im selben Haus gefeiert. Großmütter, Väter, Tanten, Onkel, Nichten, Neffen – alle bewegen sich auf engstem Raum.

Dies alles offenbart sich mir bei einfachen Englisch-Konversationsübungen. Ganz harmlos frage ich auf Englisch: „Wie viele Brüder hast du?", und schon lande ich mitten in einer großen Familiengeschichte. Wenn ich mich dann nach den älteren Generationen erkundige, vereinfacht sich alles wieder: Beinahe alle stammen von einigen wenigen „Gründerfamilien" ab.

Vor 30 Jahren hat La Florida noch gar nicht existiert, erfahre ich, es gab nur vereinzelte *Fincas* in den Hügeln. Da diese Gehöfte so abgelegen waren, mussten die Bauern über eine Stunde wandern, um ins Tal zu kommen. Die Kinder bekamen erst nachmittags um vier Uhr zu essen und waren zum Teil anämisch. Der Schulbesuch war ein Problem. So beschlossen die Bauern eines Tages, ein Dorf zu gründen. Gemeinsam kauften sie das Land, das sie bewirtschafteten, dem Großgrundbesitzer ab, teilten es in Parzellen auf und verlosten die einzelnen Grundstücke dann innerhalb der Käufergruppe. Eine Stromversorgung erkämpften die Familien erst vor rund 20 Jahren nach monatelangem Verhandeln mit einer Elektrofirma in Cuenca, als sie drohten, Strommasten und Kabel in einem der Nachbarorte zu rauben.

freie Adler sind, flüstere ich Doña Laura ins Ohr: „Fliegen wir fort!" Aber daran ist natürlich nicht zu denken; der Prediger stellt nicht nur rhetorische, sondern auch echte Fragen und erwartet Antworten vom Publikum. Zum Abschied werden wir alle mit Brötchen und Kakao bewirtet, dann aber stürmen wir die Ladefläche unseres Pickups. In rasender Fahrt geht es durch die Dämmerung nach Hause.

SCHULSTART

Es ist so weit: Das Schulleben, der Alltag beginnt.

Voller Tatendrang (ich) und gemächlich (meine Begleiter) stapfen wir auf einem matschigen, schmalen Weg durch die üppige Vegetation, die zwischen den Häusern in Blitzeseile den Raum erobert. Die Schule besteht aus vier achteckigen „Gebäuden", das heißt aus Dächern, die auf acht Betonsäulen ruhen. Die „Wände" sind nicht ganz einen Meter hoch. Bei dem feucht-warmen Klima hier die perfekte Bauweise. Eine der Waben heißt etwas hochtrabend *centro de computación* und soll meine Arbeitsstätte für die nächsten Wochen werden. Natürlich geht es jetzt noch nicht los mit dem Unterricht. Wir wandern zunächst in die Nachbarwabe, die *aula*, zur Schulkonferenz, bestehend aus drei Lehrern und zwei Elternvertretern. Zuerst werden zwei Sekretäre bestimmt, dann die sieben Tagesordnungspunkte abgehandelt. Nach drei Stunden darf ich tatsächlich mit dem ersten Englischunterricht beginnen. Etwa 20 kleine Kinder haben sich eingefunden und starren mich neugierig an. Wir beginnen mit Begrüßung und Vorstellung, schließlich will ich ihnen nicht nur Englisch beibringen, sondern sie auch kennenlernen.

„Hello!"

„Eló."

„My name is Ingrid", zur Bekräftigung zeige ich gleich mit beiden Zeigefingern auf mein Brustbein.

„What is your name?"

„Ay, mai nei is Ria", macht mich zunächst ratlos. Ich bitte den Buben, seinen Namen auf ein Stück Papier zu schreiben. Konzentriert umklammert er seinen Stift und beginnt zu malen: „B-R-I-A-N". Die Lösung ist „My name is Brian" – da fehlen ja jede Menge Konsonanten! Nun aber geht es ruckzuck weiter, zum Glück habe ich eine rasche Auffassungsgabe. Eles = Alex, Eli = Evelin, Enin = Henning.

Mein eigener Name bereitet ihnen kaum Schwierigkeiten, Ingrid wird zwar manchmal zu *Ingri*, ist aber mühelos zu verstehen. (Nur Padre Teodoro verkürzt meinen Namen noch weiter, als ich einmal nicht brav meinen Teller aufesse: „Wenn du weiterhin so wenig isst, wirst du noch zu I.N.R.I.!" – also so mager wie Jesus am Kreuz!)

Ohne Pause geht es in die nächste Stunde mit den Zwölf- bis Vierzehnjährigen. Der Geräuschpegel entspricht der Pubertät. Die fehlenden Konsonanten entsprechen den kleinen Kindern zuvor. Aber ich stoße auf ein ganzes Sammelsurium von interessanten Vornamen: Nelson, Nixon, Kelvin, Franklin, Edison, Cesar …

„Wisst ihr, dass ihr ganz berühmte Namen habt?", frage ich in die Runde.

Es wird etwas ruhiger, die Jugendlichen schauen mich erwartungsvoll an.

„Kelvin zum Beispiel war ein berühmter Wissenschaftler. Der hat die tiefste Temperatur entdeckt, die überhaupt möglich ist: 273° C unter null!"

Der Lärmpegel steigt wieder an, alle raunen einander etwas zu, und ich finde heraus, dass für sie „null Grad" rein gar nichts bedeutet. Es ist hier nicht üblich, Temperatur in Grad anzugeben, wozu auch? Gringos würden sagen, dass es so zwi-

Bildungssystem in Ecuador

Die meisten Kinder besuchen ab einem Alter von drei Jahren einen Kindergarten. Vom fünften bis zum vierzehnten Lebensjahr herrscht in Ecuador Schulpflicht (Kinder werden in Ecuador mit fünf bis sechs Jahren eingeschult). Nach sieben Jahren Grundschule (*nivel básico*) wechseln die Schüler in das *colegio*, je nach Wohlstand der Familie in eine staatliche und somit kostenfreie Schule oder in eine Privatschule. Das sogenannte *nivel secundario* umfasst drei Klassen und ist verpflichtend. Seit Präsident Rafael Correa im Amt ist, wurde die Schülerhöchstzahl offiziell pro Klasse von 50 auf 30 reduziert. Tatsächlich aber sitzen in vielen Klassen immer noch 40 bis 50 Schüler auf engem Raum. Daneben werden auch Schulen eingespart und mit Schulen in anderen Dörfern zusammengelegt. (Von diesem Schicksal wird auch die Schule in La Florida betroffen sein.) Das bedeutet für die Schüler oft einen weiten Schulweg oder einen Ortswechsel.

Mit 15 Jahren können die Jugendlichen die Schule verlassen oder drei weitere Jahre im Gymnasium fortsetzen (*bachillerato*) und mit Matura (Abitur) abschließen.

schen 22 und 28 Grad hat, aber wenn man Einheimische fragt, „wie warm ist es denn?", bekommt wahrscheinlich zur Antwort, „man kann die Jacke ausziehen." Ich komme mir ein wenig dumm vor und verzichte auf die Preisgabe der Biographie von Edison. Immerhin plustert sich Nelson auf, als er erfährt, dass er so heißt wie ein berühmter General.

Zuhause (mit Stromversorgung) versuche ich, die beiden dort stehenden PCs zu aktivieren. Der eine lässt sich auch mit gutem Zureden nicht hochfahren, den anderen besiege ich nach einem längeren Zweikampf. Zwei funktionierende Laptops habe ich selbst mitgebracht. Mir stehen also drei Computer für inzwischen etwa 80 Personen, aufgeteilt auf täglich vier zweistündige Kurse, zur Verfügung. Das wird spannend.

Damit mir keine Minute lang langweilig wird, lädt mich Doña Juanita am Abend mit Lourdes zum Geburtstag ihrer

Die Kirche von La Florida ist nicht nur das religiöse Zentrum, sondern dient auch als Versammlungsraum, Kinderspielplatz, Hunderaststätte, Disco und vieles mehr.

Magdalena, Laura und Lourdes (von links nach rechts) kümmern sich ohne Unterlass um mein leibliches und seelisches Wohl.

*Konrad Piok (im gelben T-Shirt) und die „Amigos de Austria"
machen mit ihren sozialen Bauten Österreich in Ecuador bekannt
und beliebt.*

*Keine Elektrizität in der Schule? Kein Problem! Da wird einfach
der Strom von der Straßenlaterne abgezweigt.*

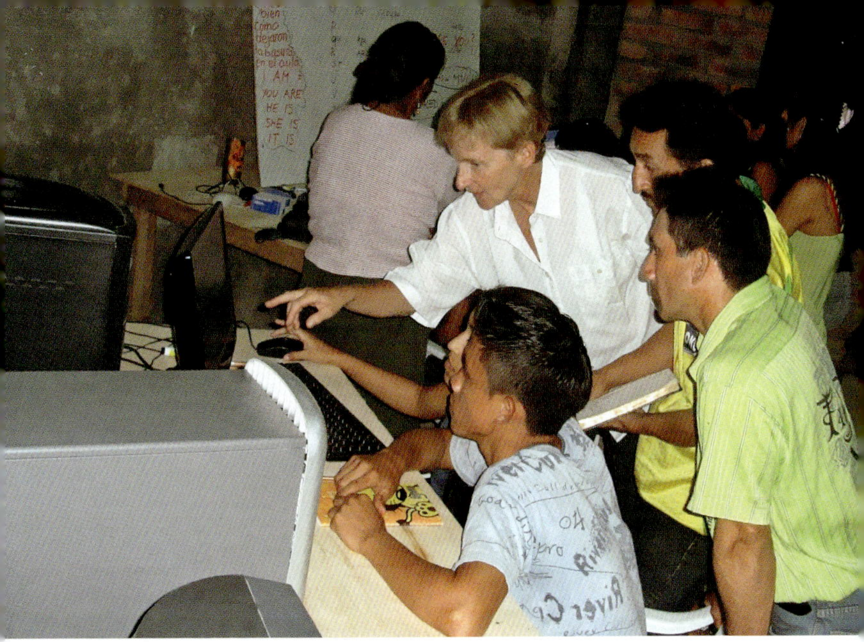

Nach schwerer Arbeit müssen kräftige Bauernhände spät abends mit dem zappeligen Mauszeiger erst umgehen lernen.

Fröhliche Schüler machen den Unterricht zum Vergnügen, wenn auch zu einem ohrenbetäubenden.

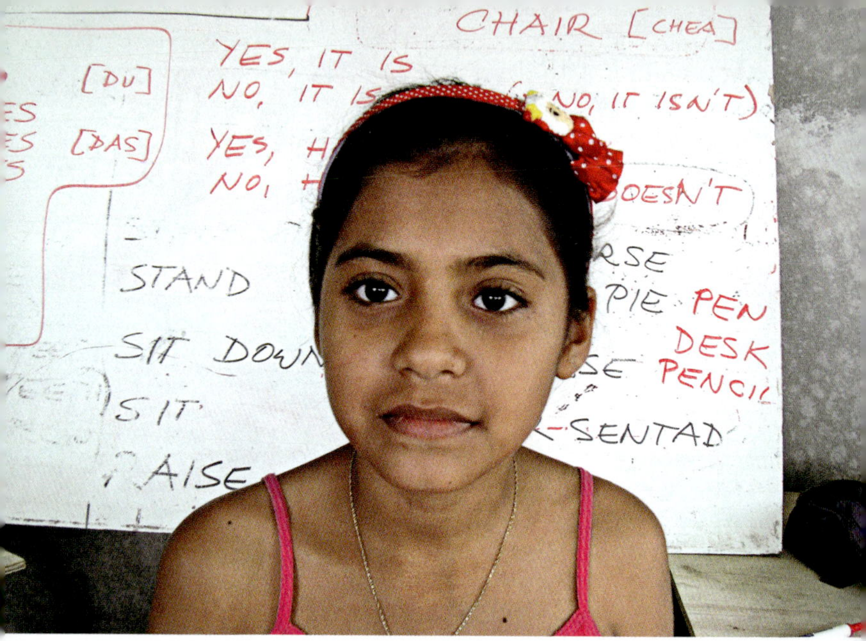

So viele Vokabeln! Aber da muss man durch, wenn man Liebesschwüre auch auf Englisch wissen will.

In den kurzen Pausen zwischen dem Unterricht wird der Praktikums-Laptop ganz schnell zum elektronischen Tagebuch.

Tochter ein. Die Finca der Familie liegt idyllisch etwas außerhalb vom Dorf, drei kleine Fischteiche befinden sich vor dem Haus und mehrere am Straßenrand geparkte Pferde. Die servierte *comidita* ist eine für mich schier unbewältigbare Riesenportion. Ich esse aus Höflichkeit mit Mühe fast alles auf; bei der üppigen Geburtstagstorte hingegen passe ich mit der Entschuldigung, dass ich nicht einmal mehr einen *hambrecito* (ein Hungerchen) habe.

Nun muss ich von „dort drüben", wo immer Austria liegt, berichten. Als ich erzähle, dass bei uns fast jede Familie mindestens ein Auto hat, aber nur die ganz Reichen ein Pferd, können sich meine Zuhörer kaum halten vor Lachen: „Wir sind die Reichen von Austria!" Auto haben sie natürlich keines.

Don Santos (Herr Heilig), Juanitas Vater, den ich auf höchstens 60 schätze, ist der lustigste Charmeur, den ich bisher hier kennengelernt habe. „Sie erscheinen mir aber nicht besonders heilig", rutscht mir heraus, als er mir seinen Namen verrät, da sagt er wie aus der Pistole geschossen (offensichtlich nicht zum ersten Mal): „Ich bin ein Heiliger ohne Wunder!" und zaubert wie durch ein Wunder *eine* Flasche Bier herbei. Diese Flasche, samt einem winzig kleinen Plastikbecher, wandert von Person zu Person durch die Runde. Jeder darf den Becher ganz austrinken. Dieser wird dabei immer maximal einen Zentimeter aufgefüllt. Ich bleibe bis Mitternacht. Natürlich absolut nüchtern.

COMPUTERPROBLEME

Der folgende Tag wird anstrengender. Inzwischen haben sich über 100 Leute, auch aus umliegenden Gemeinden, angemeldet. Alle, die selbst einen Computer besitzen, haben offensichtlich einen, der nicht funktioniert. Also werden meine zwei Stunden Mittagspause mit Hausbesuchen angefüllt sein.

„Ich habe einen Virus", „Mein Computer findet die CPU nicht" – Erste-Welt-Probleme sind schon vor mir angekommen! Na dann los. Ich beginne beim Polizisten, dessen vier (!) geheime (!), wichtige (!) Polizeidokumente sich nicht mit Word öffnen lassen. Sein Bildschirm ist so zugepflastert mit Dateien, dass kaum Platz zum Anklicken vorhanden ist. Keine einzige Datei lässt sich öffnen. Ich biete an, Windows neu zu installieren und die wertvollen Polizeidokumente inzwischen auf seinem USB-Stick zu sichern. „Nein, nein, alle Musikdateien müssen mitgespeichert werden!" Fast 100 Gigabyte! Jetzt werde ich hart: entweder Musik oder Word. Der Polizeikommandant löscht stöhnend und seufzend alle möglichen Musikdateien von seinem Stick, um Platz für andere Musikdateien vom PC zu schaffen. Bachata-Musik muss weg, Cumbia darf bleiben. Dann endlich kann ich mit der Neu-Installation beginnen, die natürlich nicht mehr fertig wird, denn nun habe ich meine nächste Unterrichtsstunde.

Als nächstes wünscht Don Florencio meine Hilfe, weil der PC „die CPU nicht kennt". Die „CPU" ist hier ein beliebter Ausdruck. Kein Mensch weiß, was die „CPU" ist, aber das Wort

Cumbia und Bachata

sind neben Salsa populäre Musikrichtungen in Lateinamerika. *Bachata* kommt aus der Karibik und ist seit den 1990er-Jahren salonfähig. Diese Musik ist auch in Ecuador sehr beliebt, allerdings eher als akustischer Hintergrund für verliebte Paare. Getanzt wird bevorzugt zu Cumbia-Musik.

Cumbia stammt aus Kolumbien und ist in Ecuador allgegenwärtig. Eine Rhythmusfolge besteht aus acht Takten, beim vierten und achten Schlag wird pausiert, das heißt kurz innegehalten. Die Tanzpaare stehen einander gegenüber und bewegen sich nach rechts und links seitwärts, stets mit dem Blick zueinander. Die Füße werden abwechselnd mit Belastung aufgesetzt und dazwischen energiesparend nur minimal vom Boden abgehoben, zumindest bei den Tänzern, die ich in Ecuador beobachtet habe.

klingt cool. Als ich im Haus ankomme, wird erst einmal die Schachtel mit dem Computer gesucht, dann die Steckdose, dann die Kabel. Ich schlage vor, dass die Familie in Ruhe alles aufbaut, während ich mich im Dauerlauf zum Polizisten begebe, um die Windows-Installation zu beenden. Der Computer dort hat sich inzwischen aufgehängt, also Neustart. Ich jogge zurück zu Don Florencio. Dort ist tatsächlich alles aufgebaut, nur die Lautsprecher fehlen noch, die sind ja das Wichtigste! Denn in Wahrheit geht es nur darum, dass sich die Musik-CDs nicht abspielen lassen. Wir schieben eine CD probeweise ein – nichts. Ich lausche am Laufwerk, das sich eben erst mühsam zu bewegen beginnt, und verordne ein wenig Geduld. Dann startet die CD. Die gesamte Familie starrt mich mit offenem Mund an und hält mich für eine Hexe. Ich schwinge mich nicht auf den Besen, sondern laufe auf zwei Beinen zur Kirche, wo der Abendkurs für die Erwachsenen beginnt.

Die älteren Schüler sind eine wahre Erholung. Sie hören aufmerksam zu und warten dicht gedrängt auf einen Platz am einzigen verfügbaren Laptop, während der andere an der Kirchensteckdose aufgeladen wird. Geduld, Geduld, erst einmal muss der Mauszeiger kontrolliert werden. Ich umfasse Feld- und Hausarbeitshände, die den ganzen Tag mit der Machete Bananenstauden zurechtgestutzt oder Kakaofrüchte aufgeschlagen haben und die dennoch feingliedrig und gepflegt sind. Nur der Mauszeiger will ihnen noch nicht folgen auf diesem grellen Bildschirm, der einzigen Beleuchtung in der stockdunklen Kirche.

Um zehn Uhr nachts mache ich mich auf den Heimweg, vorbei an hundert kläffenden Hunden. Ein Bub radelt an mir vorbei und schenkt mir eine Mandarine für meine ausgetrocknete Kehle.

Daheim erwartet mich die aufgeregte Lourdes, in ihrem Arbeitszimmer sei ein riesiges Tier! Ich schaue vorsichtig hinein:

Auf ihrem Stuhl liegt ein Handtuch und auf diesem ein riesengroßer Schmetterling. „Das ist nur ein Schmetterling", beruhige ich sie. „Ja, aber soooo groooß", hält sie entgegen, läuft in die Küche und schlägt die Tür hinter sich zu. Nachdem ich den leblosen Schmetterling vom Handtuch ins Freie geschüttelt habe, bin ich für Lourdes keine Hexe, sondern eine Heldin. So leicht geht das.

Englischstunde am Vormittag. Lourdes' Hund Randú ist stets mein treuer Begleiter und liegt regungslos zu meinen Füßen. Während die Kinder und ich auf Englisch gemeinsam die Zahlen brüllen, bringt eine kleine Delegation eine lange Bambusleiter mit beinahe einem Meter Sprossenabstand und ein Held klettert die freistehende Leiter, die nur von drei Personen unten gehalten wird, sechs Meter weit hinauf, um die nicht funktionierende Glühbirne nach mehreren Fehlversuchen auszutauschen.

Wir am Boden üben inzwischen Sätze mit Vokabeln zur Verwandtschaft, und mit Erstaunen höre ich, wie viele Brüder, Schwestern, Tanten, Onkel, Neffen und Nichten jedes Kind hat. Bei meinen Schülern regt sich allmählich Interesse nach neuen englischen Wörtern. Wie sagt man zum Beispiel „Ich liebe dich"? Oder „Du bist in meinem Herzen", „Du hast wunderschöne Augen" und „Möchtest du Sex haben?" Und was heißt denn *zorra* (Füchsin) auf Englisch? – *A female fox.* Oder gibt es da einen eigenen Ausdruck? Ich bin mir selbst nicht ganz sicher und wundere mich zugleich über das zoologische Interesse der Jugendlichen. Die biegen sich vor Lachen.

„Wissen Sie nicht, was eine *zorra* ist?"

„Also los, sagt es schon!"

„Eine richtig supergeile, liebestolle Frau", rufen die Jungs, während die Mädchen sich kokett kichernd hinter ihnen verstecken und ihre Hüften sexy schwingen.

Wie übt man in einem einzigen Satz Farben, Früchte, Hilfsverben und Verneinung auf Englisch? Ganz einfach so: *Do you like to eat black bananas? – No, I don't like to eat black bananas!* Diese geistreiche Aussage führt die Hitliste der Lachnummern in sämtlichen Kursen und Altersgruppen unangefochten an. „Worüber wollt ihr denn heute reden?", frage ich am Beginn einer Unterrichtsstunde eher pro forma. – „Über Bananen!!!" Natürlich.

Am Abend bittet mich Hugo um Hilfe. Seine Finca liegt weit oben in den Hügeln, daher nimmt er mich am nicht vorhandenen Rücksitz seines Mopeds mit. Mit meinen Armen umklammere ich seinen Bauch, damit ich nicht vom Sattel rutsche. Die Beine muss ich drei Kilometer lang anwinkeln, um nicht mit den Füßen am Boden zu schleifen, ein herausforderndes Bauchmuskeltraining auf der holprigen Schotterstraße. In Hugos einzigem Zimmer hängt hoch oben ein riesiger Flatscreen (der 1000 Dollar gekostet hat). In dem schulterhohen Kasten darunter versteckt sich die Tastatur. Damit wir nicht im Blindflug arbeiten müssen, stecke ich zunächst einmal das Kabel so um, dass die Tastatur auf Hugos Schoß wandern kann. Wir warten eine ganze Zeit, bis der Computer hochfährt, weil er durch einen Stromausfall zuvor gewaltsam gekillt worden ist. Eine gute Stunde lang erkläre ich Hugo, wie er seine Bananenernte in Excel verwalten kann. Dann fährt mich ein Kollege auf einem Doppelsitzer-Moped mit Fußstützen zurück nach La Florida, wo ich nach dem Höllenritt über die steile, holprige und glitschige Straße bei Regen und Dunkelheit erleichtert ankomme.

ALLTAG IN LA FLORIDA

Lourdes steht früh auf, um durch die Kirchenlautsprecher das Dorf daran zu erinnern, dass es ab heute sieben Uhr früh wegen Arbeiten an der Wasserleitung 24 Stunden lang (hoffentlich bleibt es dabei!) kein Wasser geben wird. Don Gato kommt in „meine" Küche und stemmt drei Meter Betonboden mit einem einfachen Meißel von Hand auf. Erschöpft stellt er fest, dass das Ganze schlecht gemacht ist und er nicht weiterarbeiten kann. Dann verlässt er mich, ohne Wasser, mit einem tiefen Graben und losen Betonbrocken mitten in der Küche, wohl für immer.

Am nächsten Tag beschäftige ich mich eine Zeitlang mit dem morgendlichen Ritual der Kakerlakenjagd im Kühlschrank. Der Kühlschrank schaut aus wie ein großer amerikanischer Kühlschrank, verdient seinen Namen aber nicht wirklich. Ich nenne ihn liebevoll „Lauschrank". Lourdes stellt täglich das noch heiße abgekochte Wasser hinein, um es auf Trinktemperatur abzukühlen, und so hat sich ein dicker Eispanzer um die Kühlschlangen gebildet, der wie eine perfekte Isolierschicht wirkt. Die Kakerlake fühlt sich in diesem gemäßigten Klima sehr wohl, zu Fressen gibt es genug, und ein Bewegungsmelder (die Kühlschrankbeleuchtung) warnt sie sofort, wenn ein menschliches Wesen die Türe öffnet. So sehe ich sie jedes Mal in das Schlupfloch irgendeines gelagerten Nahrungsmittels verschwinden. Dort bleibt sie, wie schon die Tage zuvor, unauffindbar.

Irgendwie vergeht mir der Appetit auf meine Essensvorräte, zumal mir gerade eine der unzähligen Geschichten Teodoros durch den Kopf geht:

„Die typischen Küchen hier auf dem Land sind Lehmküchen mit winzigen Fenstern, die praktisch immer geschlossen sind, obwohl der Küchendampf dir die Tränen in die Augen treibt und dich beinahe ersticken lässt. In einer solchen Küche, vier Maultierstunden von Pijilí entfernt, war ich einmal zum Frühstück eingeladen. Während außen die Sonne grell schien, musste ich mich in die dunkle Küche tasten, um nicht zu stolpern. Auch die Kaffeetasse ertastete ich nur, um sie zum Mund zu führen. War es Kaffee oder ein *come y bebe* („Iss-und-Trink", ein Getränk mit flüssigen und festen Bestandteilen)? Ich fühlte etwas Fremdartiges in meinem Gaumen. Mit einem Sprung war ich an der Türe und im gleißenden Licht sah ich mehrere Kakerlaken auf dem Kaffee schwimmen. Ich weiß nicht, ob es eine oder zwei durch meine Kehle in den Magen geschafft hatten, vielleicht ausreichend für mich, künftig die Strahlung einer Atombombe auszuhalten: Ich hatte die Ehre, ein Tier zu verdauen, vor dem ich mich verneige und den Hut ziehe, denn in 400 Millionen Jahren hat es alle Bedingungen überlebt, die zum Aussterben vieler anderer Arten geführt haben."

Ich möchte nicht unbedingt Immunität durch Aufnahme von Kakerlaken erlangen, und so treiben mich Hunger, Durst und Wassermangel zu Doña Laura. Die hat mich natürlich schon zum Frühstück erwartet und fragt gleich, ob ich eine heiße Schokolade trinken möchte. „*No digo no!* (Ich sage nicht nein!)", rufe ich erfreut, was bei dem sonst so ruhigen Don Luis einen derartigen Lachkrampf auslöst, dass er fast vom Stuhl fällt. Immer wenn er sich endlich beruhigt, wiederholt er zu jedem neu eintretenden Kunden: „*Ingrid dice no digo no!* (Ingrid sagt ich sage nicht nein!)" – und schon wieder geht das Lachen los. Ich bin fassungslos über diesen unerwarteten Temperamentsausbruch, schlürfe kichernd meine Schokolade und erlebe den ersten Tag, an dem Luis nie einschläft.

Zu Mittag bringt Lauras Schwester, Superköchin Doña Magdalena, eine *tortilla criolla de camarones* mit *patacones* (Krabbentortilla mit frittierten gepressten Kochbananen). Das Rezept hat sie von einem Oberst der Armee. Um 1995 gab es wegen Gebietsansprüchen am Grenzfluss Cenera einen militärischen Konflikt zwischen Ecuador und Peru. Während dieser Zeit waren monatelang Soldaten im Süden Ecuadors stationiert, so auch in La Florida. Eines Tages bat der diensthabende Oberst Magdalena, ihm eine Tortilla Criolla zu servieren. Da sie keine Ahnung hatte, was eine Tortilla Criolla war, fragte sie listig „Wie möchten Sie die denn gern haben?" – „Mit Frühlingszwiebeln, Petersilie und kreolischen Eiern" – und schon hatte Magdalena das Rezept. Laura ergänzt kichernd: „Als die Soldaten da waren, nahmen sie jede Menge junger Mädchen mit, und die kamen später mit jeder Menge Kinder zurück."

HUNDELEBEN

Die Hunde in La Florida sind eine Geschichte für sich. Auf jeder Finca leben mehrere Hunde, die sich nach Herzenslust in großer Zahl vermehren, das Revier des Besitzers verteidigen und von den Einheimischen normalerweise sehr roh behandelt werden. Trotzdem respektieren sie ihren Herrn und lassen ihre Aggressionen an unschuldigen Fremden aus. Antonio, der Spanier, der einmal für den Padre hier Landwirtschaft unterrichtete, war stets in Panik wegen der Hunde. La Florida betrat er nur mit einer Schaufel in der Hand, um sich jederzeit verteidigen zu können. Völlig genervt rief er einmal aus: „Ganz Florida ist eine einzige *perrera* (Hundsviecherei)!" – ein Ausdruck, über den sich die Bewohner von La Florida bis heute köstlich amüsieren.

Auch der Padre ist für die Hunde ein Fremdling, doch er hat seine Furcht vor den aggressiven Tieren inzwischen verloren, erzählt er mir stolz:

„Bereits in meiner Kindheit ängstigte ich mich entsetzlich vor Hunden und nachdem ich tatsächlich einmal gebissen worden war, wurde diese Angst zum Trauma. Viel später, als Bergpfarrer, wanderte ich eines Tages in ein Dorf, um einem Kranken die Kommunion zu geben. Schon von Ferne drang infernalisches Hundegebell an meine Ohren. Während ich mich zitternd dem Haus näherte und betete, berechnete ich gleichzeitig, um wie viele Hunde es sich wohl handelte. Kurz vor dem Haus des Kranken kreischte eine Frau aus dem Dorf: ‚Passt auf die Hunde auf, der Pfarrer ist schon hier!‘ Dies klang in meinen Ohren – und offensichtlich auch in den Ohren der Hunde, die jedenfalls blitzschnell verschwanden – sinngemäß wie „Der Pfarrer frisst Hunde, passt auf sie auf!“ Seit diesem Tag betrete ich ohne Angst die Häuser, während ich selbst gebetsmühlenartig wiederhole: *Cuiden a los perros, el cura ya está aquí* („Passt auf die Hunde auf, der Pfarrer ist schon hier!“) Denn nun weiß ich: jene, die Angst haben, sind die Hunde.“

Ohne Priesterweihe nützt mir diese Geschichte natürlich überhaupt nichts. Es bleibt mir nichts übrig, als mich an das Hundeleben zu gewöhnen. Mit Randú und den Hunden Lauras (die gut behandelt werden) habe ich schon Freundschaft geschlossen. Hunden gänzlich aus dem Weg zu gehen ist völlig ausgeschlossen. Sogar während der Messe tollen jede Menge Hunde in der Kirche herum. Randú macht ein genüssliches Nickerchen direkt hinter dem Rednerpult, sodass der Padre bei jedem Gang zum Alter über ihn drübersteigen muss. Beginnt gegen Ende der Messe vor der offenen Kirchentüre eine Fiesta mit Musik und Tanz, rasen sämtliche Hunde hinaus und schnappen inmitten der Tänzer vor Aufregung völlig über. Tanzen erscheint mir also nicht ganz ungefährlich.

Abends, wenn die Hitze nachlässt, würde ich manchmal gern joggen. Es bleibt bei „würde“, denn leider werden abends auch die Hunde besonders aktiv (auch für sie lässt die Hitze nach), und jeder Laufschritt bedeutet für sie offensichtlich eine Aufforderung zur Verfolgungsjagd. Eines Tages nutze ich stattdessen die Mittagspause für einen Spaziergang Richtung Süden (zumindest vermutlich), den Hügeln entgegen. Was macht eigentlich ein Kompass so nahe beim Äquator? Irgendwie habe ich das Gefühl, er weiß nicht, für welchen Pol er sich entscheiden soll und zeigt willkürlich manchmal nach Westen und manchmal nach Osten ...

Der Kompass am Äquator

Zwischen den magnetischen Polen der Erde verlaufen die Feldlinien des Erdmagnetfeldes. Diese Feldlinien verlaufen jedoch nicht horizontal, sondern geneigt, etwa so, als ob man eine Kugel mit zwei Fingern umfassen und halten würde. Diese Neigung zur Horizontalen wird Inklination genannt. Sie beträgt an den magnetischen Polen (da wo die Finger die Kugel berühren) 90° und am magnetischen Äquator 0° (in Mitteleuropa etwa 65°). Die Magnetnadel eines Kompasses versucht immer, sich entlang der Magnetfeldlinien einzustellen und stellt sich daher umso schräger, je näher man dem Pol ist. Bei einfachen Wanderkompassen (wie dem meinen) wird die Inklination einfach dadurch ausgeglichen, dass die Südhälfte der Kompassnadel schwerer ist als die Nordhälfte. Durch diesen Trick kann die Nordseite der Nadel nicht hinuntergedrückt werden, sondern bleibt parallel zum Gehäuseboden und kann sich frei bewegen.

Ein solcher Kompass kann nicht auf der Südhalbkugel verwendet werden. Die Kompassnadel würde durch die anders geneigten Feldlinien und das zusätzliche Gewicht schief hängen und im Extremfall mit der Südhälfte der Nadel den Gehäuseboden berühren.

Randú begleitet mich, wie immer. Nach der ersten Flussüberquerung seife ich ihn, dem Wunsch Lourdes' folgend, ein, doch dann weigert er sich, noch einmal ins Wasser zu gehen. Hunderte Meter laufe ich ihm am Flussufer entlang nach. An seinem eingeseiften Fell kann ich mich nicht festkrallen. Mit Keksen und roher Gewalt bringe ich ihn endlich in den Fluss und schrubbe ihn ab. Ein vorbeikommender Bauer beobachtet mich verwundert und pflückt mir ein paar Mandarinen. Dann beeilt er sich, ins Dorf zu kommen, um allen zu berichten, dass die verrückte Gringa völlig ohne Sinn und Zweck allein in die Hügel wandert.

Mein Rückweg ist ein Spießrutenlauf, vorbei an hysterisch kläffenden Hunden bei jeder Finca. Randú denkt nicht daran, mich zu beschützen, sondern versteckt sich hinter mir. Da hilft nur der Nach-einem-Stein-Bücken-Trick. Kaum bücke ich mich, um scheinbar einen Stein aufzuheben, ziehen sich die Hunde knurrend zurück, kaum stehe ich auf, kommen sie wieder kläffend herbei. Da die Hunde hier oft mit Steinen beworfen werden, ist ihre Reaktion verständlich. Zu meinem Glück ahnen die ecuadorianischen Hunde nicht, dass ich überhaupt kein Wurftalent habe und sie ohnehin nie treffen würde!

20 Minuten vor meiner nächsten Unterrichtsstunde komme ich wieder in La Florida an. Alle Leute wissen über meine Aktivitäten bereits Bescheid. Doña Laura läuft mir aufgeregt entgegen und sagt, ich *muss* noch schnell ein Mahlzeitchen bei ihr einnehmen. Sie hat sich schon ernste Sorgen gemacht, dass ich verhungere.

FIESTAS IN PIJILÍ

Ganz La Florida ist in Hochstimmung, denn heute wird in Pijilí, einem der umliegenden Dörfer höher in den Bergen, die Schönheitskönigin der Region gewählt. Mehrere Pickups werden organisiert, um die interessierte Dorfbevölkerung hinauf zu karren. Erstens ist eine der drei Kandidatinnen aus La Florida. Zweitens bedeutet die Misswahl: Es gibt eine Fiesta.

Drittens bedeutet Fiesta: Es gibt Essen! Alle wollen mit. Wir drängen uns zu sechzehnt auf die Ladefläche des letzten Pickups. Rumpelnd geht es durch die stockdunkle Bergluft (die im Schein der Rücklichter als Nebel identifizierbar ist) auf der steilen Schotterstraße mit Schlaglöchern nach oben. Nach einer knappen Stunde sind wir in Pijilí, auf 1000 Metern Höhe. Laute Musik erschallt aus allen möglichen Lautsprechern. Halb La Florida ist schon versammelt. Doña Magdalena backt auf der Straße Tortillas. Kaum werde ich erblickt, kommt eine wildfremde Frau, zerrt mich in das Lokal hinter der Straße und schenkt mir trotz Protest einen Teller mit einer Riesen-*comidita*. Ich esse höflichkeitshalber ein bisschen und gebe den Rest der hungrigen Doña Laura.

Die Miss-Pijilí-Show zeigt zunächst auf einer Leinwand Videos der drei Kandidatinnen in verschiedensten für zukünftige Schönheitsköniginnen üblichen Posen. Anschließend posieren die drei Mädchen nacheinander live am Laufsteg und müssen auch intellektuelle Fähigkeiten beweisen. Brav vorbereitet verkünden sie, was sie in ihrem Dorf im Falle ihrer Wahl ändern würden. Lang nach Mitternacht darf das Publikum endlich über die Siegerin ganz unbürokratisch abstimmen: Die Kandidatin mit den meisten und lautesten Zustimmungsrufen gewinnt. Das ist natürlich, trotz unseres Geschreis, die Lokalmatadorin aus Pijilí, mit Heimvorteil. Nun dürfen wir nach La Florida zurückfahren. Doña Laura ist schon längst auf den Stufen sitzend eingeschlafen, wacht aber kurzzeitig auf, als wir uns, diesmal zu neunzehnt, auf die Ladefläche des Pickups drängen. Ohne einen Millimeter Spielraum kann niemand umfallen, und so schlafen die meisten sofort wieder ein, nur eine europäische Prinzessin auf der Erbse nicht. Die hat in dieser Stellung Knieschmerzen.

AMIGOS DE AUSTRIA

Am nächsten Morgen stehe ich früh auf, denn die *Amigos de Austria* werden heute für einen Kurzbesuch erwartet. Laura und Magdalena brauchen in der Nacht offensichtlich nicht so viel Schlaf und sind schon aufgeregt beim Putzen der Schule. Als die *amigos* mit Mietwagen auftauchen, eilen auch die übrigen Dorfbewohner neugierig herbei.

Ilga aus Wien, die mit Konrad regelmäßig nach Ecuador kommt, möchte das Werk vom letzten Jahr in La Florida kontrollieren. „Das ist ja ein Horror, da ist überhaupt nichts weitergegangen! Warum ist unsere wunderschöne Modellanbaufläche für Gemüse neben der Schule seit letztem Jahr völlig verwildert?", ruft sie entsetzt.

Ich übersetze das strenge Deutsch in weniger strenges Spanisch, aber Don Florencio versteht den Tonfall. Er antwortet mit mildem Lächeln und Schulterzucken entwaffnend: „Wir werden uns schon darum kümmern, aber wir sind ein bisschen langsam..."

Ilga ist stumm. Entweder fällt ihr zu dieser Antwort kein Gegenargument ein oder sie ist in Gedanken schon in Pijilí, wo wir ebenfalls erwartet werden. Dort haben die *Amigos de Austria* vor zwei Jahren ein Krankenhaus errichtet.

Vorbei an schönen Wasserfällen und weniger schönen Goldabbau-Anlagen, die ich gestern Nacht natürlich nicht gesehen habe, geht es also wieder in die Berge. Im Krankenhaus von Pijilí erwarten uns zwei emanzipierte lustige Ärztinnen und erklären uns ihre Arbeit sowie die Räumlichkeiten: Der große Eingang für Ambulanzwägen kann als solcher nicht genutzt werden, da die Zufahrt zu steil ist. Das glauben wir ihnen aufs Wort. Im Entbindungsraum steht ein altes gynäkologisches Bett mit rostigen Fußstützen, das aber bald ausgetauscht werden soll. „Bald" heißt: möglicherweise in sechs Monaten, vielleicht aber auch erst in sechs Jahren. Wenn überhaupt.

Aids ist in dieser Gegend kein besonderes Problem, sehr wohl aber die Prostitution, berichten uns die beiden. Das Hauptaugenmerk richten sie darauf, die Prostituierten zu registrieren, gegen Hepatitis B zu impfen und mit Kondomen auszustatten. Auch auf Information zur Gesundheitsvorsorge und zu Verhütungsmethoden für alle legen sie großen Wert – ein wichtiges Thema, da das Durchschnittsalter bei der ersten Schwangerschaft dreizehn Jahre ist. Beide Ärztinnen sind sich darüber im Klaren, dass die wichtigste Methode zur Verhütung eine gute Ausbildung ist: Höher gebildete Frauen haben im Schnitt drei, weniger gebildete acht bis neun Kinder.

Der Sprengel ist riesig, die Fincas sind so verstreut und unzugänglich, dass die Ärztinnen auf Maultieren zu den Patienten reiten müssen. „Wie werden dann Schwerkranke transportiert, die ins Spital müssen?", möchte ich wissen. – „Die werden auf einer Hängeliege zwischen zwei Maultieren hergebracht." Meine Bewunderung für die Arbeit der Damen steigt ins Unermessliche.

Wir spazieren gemeinsam zum Kirchplatz, um der Ehrungszeremonie von Pijilí beizuwohnen. Ilga bekommt unter tosendem Applaus stellvertretend für die *Amigos de Austria* einen Ehren-Silberteller, dann warten noch jede Menge weitere Teller auf zu ehrende Personen: mehrere Gemeindeoberhäupter. Einige Burschen, die einen Waldbrand gelöscht haben. Der Dorfbehinderte, der trotzdem wertvolle Arbeit leistet. Die Chefin des Krankenhauses. Und so viele weitere Personen, bis der Vorrat an Silbertellern erschöpft ist und der Hunger die Honoratioren in die Pfarre treibt, wo schon dampfende ungesalzene Hühnersuppe mit viel Koriandergrün auf uns wartet. Als ich bereits gesättigt bin, wird die eigentliche Festspeise serviert: gegrillte *cuys* (Meerschweinchen) im ganzen Stück, wie wir sie schon auf den Straßengrills in Pijilí gesehen haben. Die möchte ich natürlich unbedingt probieren.

Cuys am Grill verbreiten einen leckeren Duft und lassen einem das Wasser im Mund zusammenlaufen.

Cuys am Grill sind putzige Tiere, denen ein Spieß vom Maul bis zum After durch den Leib gestoßen wurde und deren Anblick Abscheu und Ekel erzeugt.

Es kommt nur darauf an, ob man Ecuadorianer oder Europäer ist.

Ich muss zugeben: in diesem Augenblick fühle ich mich mehr ecuadorianisch. Egal ob Hühner oder Meerschweinchen, die Tiere dürfen hier mit viel Platz glücklich in der Natur leben, bis sie unaufgeregt abgestochen werden. Da stört mich ein Meerschweinchen am Grill weniger als die Vorstellung einer europäischen Schweinemastanstalt, in die ich sicher nie einen Blick werfen möchte.

Außerdem macht es den Leuten hier unglaublich Freude, dass eine Gringa *cuy* isst und dazu noch Laute des Wohlbehagens ausstößt! Die sind allerdings ein wenig gekünstelt. Denn so gut die gegrillten *cuys* duften, viel Fleisch gibt es nicht zum Abknabbern. Und da das Tier auf meinem Teller offensichtlich auch schon ein langes glückliches Leben hinter sich hat, bleiben die wenigen Fleischfasern hartnäckig zwischen meinen Zähnen hängen, statt den Weg in den Magen zu finden.

EIN ÖKOLOGISCHER SPAZIERGANG

Padre Teodoro schlägt den *Amigos de Austria* einen „ökologischen Spaziergang" auf einen Hügel nahe Pijilí vor. Dort sollen wir zehn Bäumchen pflanzen, die wertvolles Holz liefern und viel CO_2 binden werden. Und: Es könnte vielleicht von

Vorteil sein, wenn wir Gummistiefel tragen. Mehr Information gibt er wie üblich nicht preis. Ich freue mich auf jeden Fall über etwas körperliche Aktivität.

Eine Schar Kinder und ein paar ältere Leute begleiten uns. Der Weg beginnt bei einer Brücke über einen reißenden Fluss und wird dann von Meter zu Meter immer schlammiger. Fast bei jedem Schritt sinkt man mehr als 20 Zentimeter ein, und bei jedem Herausziehen des Gummistiefels muss man aufpassen, dass man nicht nur den Fuß herauszieht. Diese wertvolle Erkenntnis kommt mir allerdings erst, als ich mit einem nackten Fuß im Schlamm versinke und mit beiden Händen den verlorenen Gummistiefel mühsam ausgrabe. Die Gruppe ist bald weit auseinandergezogen, aber auch das Warten auf die Nachkommenden ist anstrengend. Man kann sich nirgends hinsetzen, und wenn man länger am selben Ort stehen bleibt, versinkt man. Zum Abschluss geht es eine steile Schlammrutschpartie hinunter zum Fluss, unserem vorläufigen Ziel. Drei Stunden haben wir bis hierher gebraucht.

Im Fluss glitzern jede Menge Goldkörnchen. Obwohl es hier noch keinen umweltschädlichen Goldabbau gibt, streiten sich sogar die Einheimischen, ob das Wasser trinkbar sei oder nicht. Ich ziehe sicherheitshalber vor, Durst zu haben und kein Wasser zu trinken. Der Padre bietet mir eine garantiert nicht kontaminierte frisch gepflückte *lemonmandarina* an. Das ist eine interessante Frucht, die genau wie eine Mandarine aussieht, aber wie eine Zitrone schmeckt. Die Kinder beobachten mich lustig und listig zugleich und fragen gespannt, wie sie mir schmeckt. „Ausgezeichnet! Herrlich süß!", rufe ich und verderbe ihnen schadenfroh die Schadenfreude, während sich Gaumen und Kehle vor lauter Säure zusammenziehen.

Nun befiehlt Teodoro: Die Bäumchen werden *hier* eingepflanzt. „Hier" ist dann doch noch 50 Höhenmeter weiter oben. Dort fällt der Messner und liebenswerte Alleskönner

Ein ökologischer Spaziergang durch unberührte Natur, die Gummistiefel frisst.

Padre Teodoro präsentiert stolz eine leckere Tilapia aus dem Zuchtbecken der Musterfarm.

Zu festlichen Anlässen werden Schweine küchenfertig transportiert ...

Kahle Küchen verwandeln sich mit fröhlichen Köchinnen in gemütliche Wohnzimmer!

... und am offenen Feuer gegrillt.

„Morder la torta“: Wenn man ahnungslos die Torte anbeißt, beißt sie zurück.

Auf dem Weg nach Quimsacocha mit Padre Teodoro, seinem Vater Luciano und Luchín, einem Freund der Familie

Die Familie hat in Ecuador einen höheren Stellenwert als das Individuum. Meist leben mehrere Generationen unter einem Dach.

Juan beinahe 50 große Büsche, um für die zehn zarten Bäumchen Platz zu machen. Ich verkneife mir Bemerkungen über die fragwürdige CO_2-Bilanz, während der Padre schon die nächste Aktivität ankündigt: Wir werden nach der Rückkehr unsere schlammbedeckten Körper in einer Thermalquelle reinigen. Das klingt verlockend. In der Dämmerung kommen wir bei den natürlichen Pools an. Ich begebe mich vollbekleidet in das wohlig-warme schwefelige Wasser und lasse, wie von Teodoro versprochen, die Strapazen des Tages von mir waschen. Dazu erklärt mir der Padre, warum derzeit so wenig Wasser im Pool ist: der musste vor nicht allzu langer Zeit vollständig ausgelassen werden, weil jemand beim Baden seinen Autoschlüssel im Wasser verloren hatte. (Aus unerfindlichen Gründen habe ich den Verdacht, dass dieser Jemand der Padre selbst gewesen war.)

FIESTA DE DESPEDIDA

Am Abend meines Abschieds für dieses Jahr wird eine riesige Fiesta im Thermal-Schwimmbad von La Florida organisiert. Für mich eine Premiere, denn das von einem hohen Holzzaun umgebene Areal habe ich noch nie betreten. Auch für meine Begleiter ist es ein besonderer Anlass, denn der Eintritt kostet einen Dollar pro Person – das kann man sich nur mit einer Gringa leisten. Der Mann an der Kassa ist streng. Die Jugendlichen umzingeln den Eingang mit plärrenden Musikboxen. Die Damen warten schnatternd mit dem vorbereiteten Essen in der Hand. Lourdes versucht, mit schiefgelegtem Kopf, treuherzigem Blick und zuckersüßer Stimme den Gesamtpreis herunterzuhandeln. Sie hat die Fähigkeit, ihre Stimme um eine Oktave zu erhöhen, wenn sie etwas erreichen will. Ich zahle.

Nach dem Eintritt warten trotz meiner bisherigen Erfahrungen neue Überraschungen auf mich. Innerhalb des Holzzaunes öffnet sich ein wahres Paradies: geschmackvolle Bambushütten, lange Tische unter Strohdächern, ein riesiger Swimmingpool und ein natürlicher Teich mit warmem Wasser. Nach einer Ansprache von Lourdes und mir stoßen wir alle mit köstlicher *leche de tigre* (Tigermilch) an.

Leche de tigre (Tigermilch)

Leche de tigre ist eine Spezialität aus Peru: eine pikante Fischsoße mit viel Zitrone, die zu *ceviche* (rohem Fisch) serviert wird. In Ecuador und Bolivien ist unter diesem Namen hingegen ein süßer Cocktail sehr populär. Das beste Rezept weit und breit stammt von Lourdes. Dies beteuert nicht nur sie selbst, sondern das versichern auch alle, die je davon probiert haben. Mich eingeschlossen.

Zutaten:
2 l Milch
10 Eier
250 g Zucker
10 Gewürznelken
Zimt
eine Prise Salz (hier darf plötzlich schon Salz drin sein!)
abgeriebene Zitronenschale
Zuckerrohr-Schnaps (*caña*)

Zubereitung:
Milch mit Zucker, Salz, Gewürzen und Zitronenschale aufkochen und abkühlen lassen
Eier trennen
Eiklar zu Schnee schlagen und Dotter unter ständigem Rühren langsam zugeben
Eier in die Milch einrühren und anschließend den Zuckerrohr-Schnaps dazugeben
In Maßen genießen!

Nach diesem Aperitif widmen wir uns sofort den Mahlzeiten. Da die Feier zu meinen Ehren stattfindet, darf ich so wenig essen, wie ich will.

Nun aber wird eine riesige Cremetorte vor mich hingestellt. „Sie müssen die Torte anbeißen!", rufen alle. Als ich mich niederbeuge, um von der Torte ein Stück abzubeißen, drückt mich Doña Laura von hinten mit dem ganzen Gesicht tief in die Torte hinein. Das, so lerne ich, ist der Sinn und Zweck von *morder la torta* (die Torte anbeißen).

Mit schneeweißem Gesicht und etwas verklebten Augen starre ich verdutzt in Lauras unvergleichliches Lachen.

Dann tunke ich ganz unerwartet auch ihr Gesicht in die Torte. „Jetzt hat die Torte uns beide gebissen!" rufen wir, halb erstickt vor Lachen und Zuckercreme.

Drei Stunden lang tanze ich mit der klebrigem Masse im Gesicht, die mir allmählich, mit salzigem Schweiß vermischt, am Körper herabrinnt. Erst zu Mitternacht erlöst mich ein Kopfsprung in das warme Nass des Teiches.

Morder la torta

Diese für Uneingeweihte überraschende und für Eingeweihte immer wieder lustige Tradition bei Geburtstagsfeiern ist typisch für Ecuador und einige andere lateinamerikanische Länder. Der vermutete historische Hintergrund liegt weit zurück in der Geschichte, als die Könige stets in Angst vor Attentaten lebten. Am Geburtstag des Königs musste der Hofnarr zuerst von der Torte kosten und wurde dann auch noch mit dem Gesicht in die Geburtstagstorte eingetunkt. So hatte der Hofstaat seinen Spaß, und der Herrscher konnte auf subtile Weise sicher sein, dass die Torte nicht vergiftet war. Heute ist nur der Spaß übriggeblieben. Den bei uns üblichen Geburtstagsbrauch des Kerzen-Ausblasens empfinden Ecuadorianer als langweilig.

2011: WIEDERKEHREN

Para hacer algo, tienes que amar mucho.
Algo de amor, locura confiar en él.
(Um etwas zu tun, muss man es sehr lieben.
Um etwas sehr zu lieben, muss man bis zur
Verrücktheit daran glauben.)
Che Guevara

WIEDERKEHR

Welch eine Begrüßung erwartet mich, als ich ein Jahr später wiederkehre! Am Tag meiner Ankunft wird Don Florencios Enkelin mir zu Ehren auf den Namen Ingrid getauft.

Aber auch im Alltag warten ein paar Veränderungen auf mich: Der Boden des *centro de computación* wurde verfliest! Vor genau zwei Tagen, so erfahre ich, wurden die Arbeiten fertiggestellt, „weil *hermanita* Ingrid kommt". Das bedeutet: Keine Staubwolken mehr, wenn die Kinder durch die Bänke toben oder die Frauen das Klassenzimmer fegen. Und vielleicht überleben die Computer unter diesen verbesserten Bedingungen länger. Dieses Jahr habe ich von edlen Spendern weitere gebrauchte Laptops organisiert, und die *Amigos de Austria* haben sie schon vor wenigen Wochen für mich nach Ecuador mitgenommen. Vier PCs und zehn Laptops lassen das Computerzentrum beinahe wie ein solches aussehen.

Das kleine Pflänzchen vor „meinem" Haus ist zu einem 5 Meter hohen Papayabaum herangewachsen, trägt schon Früchte und wird mir jeden Tag mein Frühstück verfeinern, wenn ich sie frisch ernte. (Überreife Papayas riechen und schmecken für mich ein wenig so, als ob sie den Magen Richtung oben schon wieder verlassen hätten.)

Padre Teodoro, der zu allem und jedem eine Geschichte kennt, weiß auch eine über Papayas zu erzählen:

„Im *oriente* wurde ich einmal eingeladen eine Messe zu lesen, und zwar in einer Gemeinde, die bei den Einheimischen *Aquisito no más* („Einfach hier') hieß. Wir wanderten ungefähr acht Stunden lang mit einem Führer, ohne etwas zu essen dabei zu haben. Bei jeder Wegbiegung hoffte ich, dass dieses ‚Einfach Hier' endlich auftauchen würde, denn die Wanderung wurde allmählich zur Qual. Endlich erblickten wir etwas, allerdings kein Dorf, sondern ein kleines Haus, umgeben von einem Garten mit Papayabäumen. Der Anblick war himmlisch, ein kleines Paradies für uns Hungernde. Höflich gingen wir zur Hausherrin und baten sie um ein paar Früchte, zumal wir sahen, dass einige überreife Papayas bereits zu Boden gefallen und am Verderben waren. ‚Esst nur, esst, so viel ihr wollt!‘, rief die Frau. ‚Das mögen meine Schweine eh nicht mehr.‘ Ich weiß nicht, ob der Reifezustand der Papayas oder der Kommentar der Frau schuld daran war, dass bis zum Weiler ‚Einfach Hier‘ mehrere Felsspalten das Durcheinander meiner Eingeweide ertragen mussten.“

In „meinem“ Zimmer wohnt jetzt der Zahnarzt Alberto aus Cuba. Ich darf mit Lourdes in einem Zimmer schlafen, das erleichtert unsere Konversation, ohne dass Albertos Schnarchen gedämpft wird. Die Wände reichen bekanntlich nicht bis zur Decke. Dafür vermisse ich das nächtliche Hundegebell und Hahnengeschrei. Pünktlich um 22 Uhr schaltet sich eine Kakao-Trocknungsmaschine mit lautem Dieselaggregat ein, läuft die ganze Nacht durch und bringt mit ihrem Getöse die Tiere zum Schweigen. Diese Maschine werde wohl illegal von irgendwelchen Zwischenhändlern betrieben, versichert mir Laura, weil der Bio-Kakao ja nur an der Sonne getrocknet werden darf.

Von diesen Veränderungen abgesehen, fühle ich mich von Anfang an völlig eingewöhnt:

Jegliches Warten lässt mich kalt.

Ich *kann* gar nicht mehr auf beide Wangen küssen.

Ich bin zu faul, den Frühstückstisch von vertrockneten Pflanzenteilen und Ameisen zu befreien.

Ich verwechsle nicht mehr Z und Y auf der spanischen Tastatur.

Ich finde die Tischhöhe von 85 Zentimetern ganz normal.

Ich sage in rasender Geschwindigkeit „*Buenas tardes cómo está gracias muy buena*" (Guten-Tag-wie-geht-es-Ihnen?-danke-sehr-gut).

Und ich werfe das Klopapier nicht ins Klo, sondern ganz selbstverständlich in den Abfallbehälter daneben.

DIALOG: RICHTIGE UND FALSCHE FREUNDE

„Du sprichst aber gut Spanisch, du hast schon einen richtigen Cuenca-Akzent!"

„Naja, so perfekt ist es auch wieder nicht. Und früher sind mir auch doppelt peinliche Fehler passiert …"

„Erzähl, erzähl!"

„Einmal wollte ich sagen ‚es ist mir peinlich', und weil man auf Englisch ‚*I am embarrassed*' sagt, habe ich das wörtlich mit *estoy embarazada* (ich bin schwanger) übersetzt. Solche Wörter, die in zwei Sprachen gleich klingen, aber etwas ganz anderes bedeuten, nennt man bei uns falsche Freunde."

„Haha! Gibt es das öfter?"

„Sicher! Zum Beispiel heißen *aguacates* in mehreren europäischen Sprachen „Avocados …"

„*Abogados* (Rechtsanwälte)? Hahahahahaha – in Europa isst man Rechtsanwälte, wenn man schwanger ist!"

(Dialog mit Luis Jumbo, meinem Gastgeber und Freund in der Dawn's Lodge im Zentrum von Quito. Er ist einer der besten Menschen auf diesem Planeten.)

EINE HEISSE STROMRECHNUNG

Da die Steckdosen in Ecuador nicht identisch mit jenen von Europa sind und außerdem nur 110 Volt Spannung liefern, lassen sich Computer aus der Alten Welt nicht einfach anstecken und sofort verwenden. Bei den Laptops reichen kleine Adapter für die Stecker, für die PCs brauchen wir Transformatoren, die die vorhandene Spannung in die erforderlichen 220 Volt umwandeln. Um solche Trafos und Adapter zu erstehen, fahre ich mit Padre Teodoro nach San Carlos, dem nächsten Ort mit einem Elektrogeschäft. Vorher aber will der Padre in San Carlos noch die Stromrechnung der *Granja* an einem Schalter der Elektrizitätsgesellschaft bezahlen. Die *Granja* ist eine Art Muster-Bauernhof, den die *Amigos de Austria* letztes Jahr ausgebaut haben. Hier sollen junge Leute ökologische Landwirtschaft, Fischzucht und Schweinehaltung erlernen. Auch eine Muster-Werkstatt für die Ausbildung von Mechanikern und Elektrikern ist in diesem Bauernhof eingeschlossen.

Der Schalter der Elektrizitätsgesellschaft, so erklärt mir Teodoro, ist eine unabänderliche Notwendigkeit. Banküberweisungen sind nicht möglich. Ich wage nicht mehr, diese Aussage anzuzweifeln, als ich die beinahe 50 Leute erblicke, die vor dem Schalter auf offener Straße anstehen. Spontan und unvorsichtig biete ich an, mich in dieser langen Reihe statt seiner anzustellen, während er die Transformatoren kauft, und bin stolz auf meinen Beitrag zur Effizienzsteigerung. Teodoro ziert sich keine Sekunde, drückt mir sofort die Stromrechnung und 22 Dollar bar in die Hand und verschwindet gut gelaunt. Diese gute Laune kostet er vermutlich während seiner Abwesenheit tüchtig aus.

Ich stehe in feucht-heißer Schwüle und im penetranten Rauch des danebenliegenden Grillstands in der Warteschlange. Schon nach einer Viertelstunde wird mir schwarz vor den

Augen und ich glaube vor Übelkeit zu sterben. Warten macht mir nichts aus, Warten ist normal, rede ich mir ein. Nur noch 35 Leute vor mir. Warum hab ich keine Wasserflasche mitgenommen? Wie langsam ist wohl die Bedienung im Elektrogeschäft? Oder sitzt der Padre inzwischen heimlich irgendwo und trinkt Kaffee?

Während mir allerlei Gedanken durch den Kopf gehen, bin ich langsam doch ins erste Drittel der Reihe vorgerückt. Als Teodoro nach über einer Stunde endlich wiederkommt, stehen nur noch vier Leute vor mir! Stolz auf den von mir erstandenen Platz und erschöpft von Hitze und Durst, übergebe ich ihm die Rechnung und das Geld und eile zum Auto, um mich endlich zu setzen und etwas zu trinken. Der Padre wartet etwa drei Minuten in der Pole-Position. Dann schlendert er zum Auto und teilt mir mit, dass er die Rechnung ein anderes Mal bezahlen wird, „wenn weniger los ist".

Ich bin zu matt für jeglichen Protest und überlege, ob es in der Bibel irgendein Gebot gibt, das lautet: Liebe deinen Nächsten, auch wenn du ihn am liebsten erwürgen möchtest.

EIN BAUERNMARKT, EINE GEBROCHENE HAND UND EINE VERRÜCKTE KUH

Eine weitere Neuerung in La Florida ist der Bauernmarkt, der einmal im Monat stattfindet. Der Dorfplatz wird aufgeräumt, die Kirche geputzt, und alle Frauen sind damit beschäftigt essbare Ware vorzubereiten, die sie am Markt gut verkaufen werden, denn es werden jede Menge Besucher aus den umliegenden Dörfern erwartet. Magdalena hat schon in der Früh den besten Platz erobert und grillt ein Schwein am Spieß.

Laura hingegen hat einen Unfall. Bei der Verfolgung eines Huhns stürzt sie über einen Baumstumpf und verletzt sich an der rechten Hand. Der Handrücken schwillt gewaltig an, vermutlich ist ein Mittelhandknochen gebrochen.

Lourdes und ich helfen ihr beim Vorbereiten der Maistortillas mit Käsefüllung. Laura beobachtet mich beim stümperhaften Arbeiten mit Argusaugen und großer Pein. Noch mehr aber schmerzt sie die Hand, wenn sie selbst Hand anlegt. Schließlich befehle ich ihr, etwas Kühles aufzulegen und die Hand ruhigzustellen. Lourdes rät, rohes Fleisch auf die verletzte Stelle zu legen, „das zieht den Schmerz heraus". Eine Zeitlang diskutieren wir über unsere divergierenden Therapiemethoden, dann einigen wir uns auf folgenden Kompromiss: Laura legt ein Stück *tiefgekühltes* rohes Fleisch auf. Um dieses wickeln wir ein Taschentuch, und der Arm kommt in eine Schlinge. Ich arbeite allein mit den Tortillas weiter, Laura erledigt einhändig andere Arbeiten.

Nach einer Stunde wird ein Verbandswechsel fällig: Ich lege ein paar Eisstücke auf, während Laura das inzwischen aufgetaute Fleisch ins Tiefkühlfach zurücklegt, um es später einmal für eine Mahlzeit verwenden zu können. Ohne Mühe lässt sie sich überreden, nicht zuhause Trübsal zu blasen, sondern sich in einem Klappstuhl mit ihren Tortillas auf den Markt zu setzen. Während ich von Magdalenas leckerem Schwein probiere, wirft Laura blitzschnell einhändig den Grillofen an. Ich drücke die Teigbällchen platt, Laura legt sie auf den Grill, und gemeinsam verkaufen wir die Tortillas um 25 Cent das Stück.

Der Nachmittag vergeht wie im Flug, Don Santos bietet sich als Tanzpartner an, und unsere Geschäftsbilanz kann sich auch sehen lassen: Wir nehmen 26 Dollar ein!

Gegen Abend verwandelt sich der Markt ohne Übergang in eine *vaca loca* (verrückte Kuh). *Vaca loca* ist ein Fest, bei dem man nicht weiß, soll man vor Angst sterben oder vor Lachen. Der traditionelle Brauch gelangte vermutlich im Zuge der spanischen Eroberung über andere Länder bis nach Ecuador.

Dort wurde er kopiert, im Laufe der Zeit aber so verändert, dass er heute als autochthon gilt.

Die Gastgeber und Organisatoren des Festes bestellen eigens darauf spezialisierte Künstler, die mit einer lebensgroßen Kuh aus Schilfrohr anreisen. Diese Kuh ist überzogen mit buntem Pappmaché, das mit Drähten kunstvoll um das Schilfgerüst befestigt wurde. Doch damit nicht genug: An allen nur möglichen Stellen werden Feuerwerkskörper befestigt. Die Künstler tragen die Kuh auf ihren Schultern und erwecken sie mit beweglichen Griffen an der Unterseite zum Leben. Die Kuh beginnt zu tanzen, während die Musikkapelle wilde Musik in Höchstlautstärke spielt, und nun fühlt man sich in den Hexenkessel einer Fantasiewelt versetzt. Die einladenden Gastgeber tanzen als *Mama Juana* und *Indio Lorenzo*, das sind, neben der *vaca loca*, die Hauptfiguren bei diesem wilden Fest. Weitere Tänzer in den verrücktesten Verkleidungen – Indios, Hunde, Hirsche, Stiere – rasen wie toll um die Kuh herum, während sie ständig Leuchtraketen abfeuern, mit Vorliebe in die Menge der ebenfalls johlenden Zuschauer. Die toll gewordene Kuh ist ohnehin ein einziges knallendes Feuerwerk. Wir kreischen vor Angst, ducken uns, laufen ein Stückchen davon und kehren sofort neugierig wieder zurück. Ganz La Florida wird in diesem Spektakel aus grellen Farben, schrillen Tönen und rasender Bewegung von kollektivem Wahnsinn erfasst, mich eingeschlossen! Nach einer Stunde ist der Spuk vorbei. Cumbia-Tanzmusik mit schmachtenden Texten tönt aus den Lautsprechern, und die Leute bewegen sich gemächlich tanzend, wie üblich.

Da Lauras Hand am nächsten Tag noch schlimmer aussieht, machen wir uns gemeinsam auf den Weg zum Arzt, der seit diesem Jahr in einer „Wabe" der Schule ordiniert. Der Doktor kramt 15 Minuten lang in seinen Papieren, um festzustellen, dass Lauras Unterlagen nicht auffindbar sind. Aber wenigstens hat sie ihre E-Card (Versicherungskarte; ohne E natürlich) mit, und deshalb darf sie untersucht werden. Nach dem Betasten des Handrückens befindet der Arzt, dass sie zum Röntgen nach Machala (der nächsten größeren Stadt) muss; dann misst er ihren Blutdruck, schaut, ob die Ohren sauber sind und gibt ihr eine Vitamin-B-Spritze gegen das Kribbeln in der Hand. Außerdem empfiehlt er ihr, eine Mullbinde zu erstehen, die ist nämlich billiger (25 Cent) als eine elastische Binde.

Natürlich fährt Laura nicht nach Machala. Der Bus ist zu teuer, die Fahrt dauert zu lang, ihr Mann Luis braucht sie bei der Bananenernte und außerdem „ist die Hand ja schon besser". Mit der elastischen Binde aus meiner Reiseapotheke ist alles wieder in Ordnung. Gejammert wird hier wirklich nie – welch ein Unterschied zur verwöhnten Heimat.

EIN DIPLOMZEUGNIS, VIELE KILOMETER UND WENIG SCHLAF

„Wenn es dich interessiert, kannst du nach Quevedo mitkommen, da muss ich ein paar Unterlagen abholen", teilt mir Teodoro eines Tages telefonisch mit. „Wir treffen uns um neun Uhr an der Haltestelle *Jesús María* bei San Carlos."

„Und was machen wir dann?", wüsste ich gern, um mir den Tag einzuteilen.

„Dann sind wir bei Doña Casilda in der *Granja* zum Essen eingeladen."

Da mich alles interessiert, möchte ich natürlich mitfahren und sage die Vormittagskurse ab. Für den Kurs um zwei Uhr Nachmittag werde ich nach dem Mittagessen bei Doña Casilda ja hoffentlich wieder zurück sein.

San Carlos ist der übernächste Ort. Um dorthin zu gelangen, muss ich zunächst mit einem Sammeltaxi auf Lehmstraßen mit Hunderten Schlaglöchern durch endlose Kakao- und Bananenplantagen zum nächsten Ort, Ponce Enriquez. Ich stehe für alle Fälle sehr früh auf, da niemand genau weiß, wann so ein Sammeltaxi kommt. Nach einer knappen Stunde warte ich in Ponce Enriquez auf den Bus, von dem niemand genau weiß, wann er fährt. Im Bus bitte ich den Schaffner, mir die gewünschte Haltestelle *Jesús María* anzukündigen, dann döse ich vor mich hin und höre seine Aufrufe nicht, bis der ganze Bus schallend lacht. Schnell springe ich hinaus und rufe sofort Teodoro an, der natürlich noch nicht da ist. Er meldet sich nach einigen Klingeltönen und siehe: Er parkt schon in 5 Metern Entfernung.

Warum habe ich ihn nicht gesehen? Weil er am Boden seines Pickups liegt und seinen Autoschlüssel sucht, den er, zusammen mit dem Handy, in der kurzen Wartezeit verlegt hat. Das Handy hat er durch meinen Anruf wieder entdeckt, den Autoschlüssel nicht. Wir kriechen also beide in die nicht frisch geputzten Tiefen des Mazda, bis der Schlüssel ganz unschuldig in der Jackentasche des Padre auftaucht.

Am Beifahrersitz kann ich in Ruhe meine schmutzigen Hosenbeine ausklopfen und Fragen stellen.

„Wo ist denn Quevedo? Und was für Unterlagen holen wir dort?"

„Quevedo liegt drei bis vier Stunden von hier, wenn wir nicht zu viel Verkehr haben", versetzt mir der Padre gleich einen Schock. Da haben wir ja acht Stunden reine Fahrzeit vor uns!

„Wir fahren zur Universität, um mein Diplom für mein Masterstudium *Desarrollo y Medio Ambiente* (Entwicklung- und Umweltwissenschaft) abzuholen."

„Und da fahren wir mit so einem benzinfressenden Gefährt vier Stunden hin und vier Stunden zurück durch die Umwelt, nur um ein Blatt Papier abzuholen? Kann man sich das nicht zuschicken lassen?"

Könnte man natürlich. Aber dann würde man die feierliche Ansprache der Universitätssekretärin versäumen, das sehe ich bei der kleinen Zeremonie ein. Teodoro präsentiert mich als „Vertreterin der österreichischen Universitäten", was den intimen Festakt internationalisiert und auch in den Augen der Sekretärin offenbar enorm aufwertet.

Nach der Überreichung des Diploms fahren wir *nicht* zu Doña Casilda essen, sondern Richtung Guayaquil, wo Teodoro 23 Kilogramm Bücher abholen möchte, die ihm zwei vom Papstbesuch in Madrid zurückkehrende Studenten mitbringen. Die Studenten ruft er während der Fahrt unzählige Male an, erreicht aber nur den Anrufbeantworter.

Einmal lege ich als Telefonassistentin nicht richtig auf, und unser Gespräch landet minutenlang auf diesem Anrufbeantworter. Wir analysieren unsere Gesprächsinhalte und hoffen, dass wir nichts Negatives über den nicht erreichbaren Studenten gesagt haben.

Es ist inzwischen halb acht und stockdunkel. Um uns herrscht entsetzlicher Verkehr. Die beiden armen Studenten stehen mit einer Unmenge Koffern wie vereinbart am Taxistandplatz beim Flughafen. Ihren Bus nach Loja – dort wollten sie eigentlich hin – haben sie wegen der Warterei auf den Padre versäumt. Das Handy, dessen Nummer wir vergeblich angerufen haben, liegt vergessen in Madrid. Der Padre organisiert für die beiden Studenten ein Lager in der Pfarre von Ponce Enriquez, wo wir sie um Mitternacht bei strömendem Regen abladen. Das Essen bei Doña Casilda hat sich längst erübrigt. Um Viertel nach zwölf ruft Teodoro Doña Laura an, dass wir noch auf einen *cafecito* vorbeikommen. Kurz vor ein Uhr früh landen wir bei Laura, die uns im Nachthemd ein paar *humitas* serviert und steif und fest behauptet, dass sie noch nicht im Bett war.

Humitas

Diese Maisküchlein aus Ecuador sind eine Köstlichkeit. Sie werden aus frisch geraspeltem Mais zubereitet und sowohl salzig als auch süß serviert. Rezepte mit genauen Mengenangaben gibt es in La Florida nicht. Gute Köchinnen haben das, im Gegensatz zu *carishinas* (siehe Kapitel Reise einer *carishina* mit drei Dirigentinnen und Don Victor, Seite 114), im Gefühl.

Lauras Rezept
Zutaten:
geriebener großkörniger Mais (*choclo molido*), Schweineschmalz, Butter, Zucker, Salz, Frischkäse, frische Eier
Zubereitung:
Alle Zutaten zusammenmischen, in die vorher vom Maiskolben abgelösten Blätter einwickeln, zubinden und „eine Zeitlang" (nach Gringa-Zeit etwa 30 Minuten) in siedend heißem Wasser ziehen lassen.

Jetzt ist endlich einmal sogar der Padre müde und beschließt, in La Florida in Lourdes' freiem Bett zu übernachten. Ich krieche unter mein Mückennetz und bin sowieso tot.

Um sechs Uhr früh verwandelt sich Albertos Schnarchen innerhalb von zwei Sekunden in eine laute Stimme, die mich über zwei Wände hinweg aus dem anderen Zimmer um Hilfe bei der Installation des WLAN-Netzwerkes bittet. Kaum ist er aufgestanden und in seine Ordination neben dem *centro de computación* abmarschiert, ertönt Teodoros Stimme aus Lourdes' Bett, dass wir jetzt aufstehen müssen, weil er um acht Uhr in Pijilí sein muss. Müde erhebe ich mich. Auf dem Weg nach Pijilí soll ich die Computer von La Florida für kurze Zeit der *Granja*, dem Musterbauernhof, zur Verfügung stellen. Wir packen alle Geräte ins Auto und fahren die paar Meter zu Doña Laura, wo sich Teodoro gleich erschöpft in die Hängematte legt. Ich döse am Tisch.

Dem Padre fällt ein, dass er Doña Casilda anrufen muss, um

ihr mitzuteilen, dass wir noch leben. Für dieses Telefonat verschwindet er mindestens 20 Minuten nach draußen. Um fünf vor acht findet er plötzlich, dass wir Eile haben, und jetzt geht es los. Für den kleinen Umweg über die *Granja* sind wir inzwischen, wie nicht anders zu erwarten, zu spät dran.

Um 9:30 Uhr kommen wir in Pijilí an. Es wird ein Abschied für den Padre, denn er wird nach Cuenca versetzt. Das bedeutet, er muss seine gesamte Habe aus dem Pfarrhaus ausräumen. Seine gesamte Habe besteht aus einem Kruzifix (allerdings einem großen), einem Laptop und ein paar Büchern. Damit die Mitnahme meiner Computer etwas weniger sinnlos erscheint, bittet er mich, eine Inventarisierung dieser Habe in Excel zu schreiben, während er „fünf Minütchen mit den Damen des Hauses etwas besprechen muss." Natürlich ist bei allem keine Eile. Nach zehn Zeilen Excel und 85 Minuten Warten bleibt mir noch genügend Zeit, Tagebuch zu schreiben, bis Teodoro nach zwei Stunden kommt und genervt feststellt, dass wir *sofort* gehen müssen, weil er sonst zu spät zur Messe kommt. Was ihn aber nicht daran hindert, in der Sakristei Anweisungen für die Inventarisierung weiterer nicht genau definierter Gegenstände zu geben.

Am Altar wird eine Leinwand aufgebaut. Der Padre zeigt ohne Kommentar die in aller Eile zusammengestellte Show mit Erinnerungsfotos an seine nicht immer fröhliche Zeit in Pijilí, während sich die Kirche langsam bis auf den letzten Platz füllt. Auf seine Abschiedsrede folgen Reden der Vertreter aller weit verstreuten Gemeinden, die er betreut hat. In einer deprimierenden Zeremonie bitten ihn alle, mit Ausnahme der stets fröhlichen Leute aus La Florida, öffentlich um Verzeihung. Sie bereuen die Steine, die sie ihm in den Weg gelegt haben, und bedauern, dass die Entschuldigungen zu spät kommen.

Auch Teodoro fällt der Abschied schwer. Zu gern war er Bergpfarrer, zu viele Abenteuer und lustige Begebenheiten hat er durch die Berge wandernd oder reitend, auf Baustellen schaufelnd und in einfachen Bauernhütten essend erlebt. „Ich fühle mich in schmutzigen Gummistiefeln viel wohler als in grauen Anzügen!", gesteht er mir und sieht seiner Zukunft als Leiter der *Pastoral Social* in Cuenca mit gemischten Gefühlen entgegen.

Es folgt eine furiose Rede des Nachfolgers, Padre Marco, gespickt mit einzelnen amüsanten Anekdoten. Da der Ruf seiner nicht enden wollenden Messen schon bis zu mir gedrungen ist, zähle ich bereits die Blätter Papier, die vor ihm liegen, aber überraschenderweise hört er nach der ersten Seite auf und bittet mich um eine Rede. Darauf bin ich wirklich nicht gefasst. In Pijilí habe ich nie gearbeitet, und zu dem Ort fehlt mir jegliche tiefere Beziehung. Etwas verlegen sage ich kurz, dass ich mich nicht mit den Federn der *Amigos de Austria* schmücken will, bei Bedarf aber gern auch diesem Dorf meine Hilfe anbiete. In der Kürze liegt die Würze, denke ich, denn nun wartet wie üblich schon das (ungewürzte) Mittagessen.

Während in der Kirche Hafer-Zimt-Getränke und Riesenportionen von ungesalzenem Gemüsereis verteilt werden, bereiten die La Florida-Damen in der Küche des Pfarrhauses mit ihrer unvergleichlichen Fröhlichkeit *empanadas* zu. Der Padre sitzt wie ein Hahn im Korb mitten in der Damenschar und versiegelt die *empanadas* mit unglaublicher Geschicklichkeit (auch das kann er also!). Ich beteilige mich wieder einmal mit mäßigem Erfolg. Laura nimmt meine hässlich verformte Teigtasche und wirft sie voller Mitleid rasch ins heiße Öl, damit man sie nicht länger sieht. Nun erwacht mein Ehrgeiz, und die nächsten *empanadas* schaffe ich mit etwas mehr Geschick. Die Damen kichern bewundernd (oder vielleicht belustigt?), und Teodoro kommentiert trocken: „Ingrid gibt *nie* auf."

Empanadas

Zutaten:
Für den Teig: 280 g Mehl, ½ Teelöffel Backpulver, 28 g Schweineschmalz, 1 Tasse lauwarmes Wasser, Salz nach Belieben, ein paar Tropfen Zitronensaft, 1 Ei
Für die Füllung: 100 g Frischkäse, 1 Stange Lauch, Öl zum Herausbacken

Zubereitung:
In einem Gefäß alle Zutaten mischen und so lange kneten, bis ein weicher, elastischer Teig entsteht. 30 Minuten zugedeckt ruhen lassen. Anschließend aus dem Teig kleine Kugeln formen. Dünn auswalzen, mit zerkrümeltem Käse und feingeschnittenem Lauch belegen, zusammenklappen und die Teigränder kunstvoll zusammendrücken (das ist wirklich eine Kunst!). In heißem Öl kurz herausbacken.

DREI LAGUNEN, VIER FLÜSSE UND EIN GOLDSCHATZ

Wenn man von der Küstenregion um Guayaquil nach Cuenca in der Sierra fährt, durchquert man den Nationalpark El Cajas. El Cajas liegt in einer Höhe zwischen 3500 und 4500 Metern. *Páramo* heißt die für die tropische Sierra typische Landschaft, die einen Reiz ausstrahlt, dem man sich nur schwer entziehen kann. Das Wort *páramo* ist keltisch-iberischen Ursprungs und bedeutet „baumfreies Ödland". Wahrscheinlich dachten die spanischen Eroberer an die so bezeichneten unwirtlichen Hochebenen Alt-Kastiliens. Allerdings ist das Klima hier feuchter, und so bilden sich unzählige Lagunen in den Mulden der weitläufigen Hochebene. Auch kann unvermutet dichter Nebel einfallen, in dem sich Wanderer immer wieder verirren.

Der Padre weiß, wie immer, zu allem und jedem eine Geschichte:

„Vor langer Zeit nahmen mein Großvater und mein Vater
einmal den Fußweg durch den Páramo, um von Cuenca in das
Dorf Pijilí zu gelangen. Als sie an den Ort gelangten, wo die
Straße, die eher einem Feldweg glich, endete, missachteten sie
den Rat der dortigen Bewohner, ein Quartier zu nehmen und
den Weg erst am nächsten Morgen fortzusetzen. Sie mieteten
sich ein Maultier und setzten ihre Wanderung ohne Führer
fort – auf einem Pfad, den sie noch nie gegangen waren. Natürlich verirrten sie sich im dichten Nebel, und schon bald
umfing sie die Dunkelheit einer eiskalten Nacht im Gebirge.
Sie riefen um Hilfe, aber die einzige Antwort, die sie bekamen,
war das Pfeifen des Windes. Sie kauerten sich an den Bauch
des Maultieres, um ein wenig von dessen Wärme abzubekom-
men und begannen zu beten. Mehr als die Gebete war allerdings ihr Zähneklappern bis zum Morgengrauen zu hören. Bei
Tageslicht entdeckten sie einen Pfad, dem sie folgten, bis sie
einen Mann (einen Engel Gottes?) trafen, der ihnen den richtigen Weg wies und kopfschüttelnd schimpfte: ‚Ihr Dumm-
köpfe, ich lebe hier schon seit vielen Jahren und würde nie so
etwas Verrücktes wagen‘, dann verschwand er im Nebel (der
schon wieder eingefallen war). Todmüde erreichten die beiden Wanderer das Ziel; ohne das Maultier, das am halben Weg
vor Erschöpfung liegen geblieben war, aber wohl zumindest
den Weg zurück zu seinem Herrn finden würde. Im Dorf angekommen suchten Vater und Sohn nichts weiter als einen Ort
zum Schlafen, doch daraus wurde nichts – die Dorfbewohner
hatten für die beiden Geretteten ein Fest vorbereitet. Also füg-
ten sie sich und aßen und tanzten bis zum Zusammenbruch.
Und welch ein Unheil erwartete sie am nächsten Morgen! Um
fünf Uhr früh mussten die Beiden halbtot bereits wieder den
Rückweg in die Stadt antreten…“

Heute sind wir zum Glück nicht einsam, und neblig ist es auch (noch?) nicht. Padre Teodoro hat eine Protest-Wanderung nach Kimsakocha organisiert. *Kimsakocha* bedeutet in der Quichua-Sprache „drei Lagunen". Hier plant die kanadische Firma INV Metals auf einer Fläche von 8000 Hektar „*Loma Larga*", ein Riesenprojekt zur Goldgewinnung. Rund 70 bis 85 Tonnen Gold vermutet das Unternehmen in den 18 Millionen Tonnen Gestein unter den Horstgräsern und Schopfrosetten. Ein paar Gramm Gold und Silber könnte man aus einer Tonne Gestein gewinnen. Der Staat hat bis heute keine unabhängigen Studien bezüglich der Goldmenge in Auftrag gegeben. Die wirkliche Menge lässt sich nur schwer abschätzen. Einerseits gibt es Leute, die vermuten, dass die Firma die Menge zu hoch beziffert, um Investoren anzulocken und den Aktienkurs anzuheizen, andererseits munkelt man auch, dass nicht einmal die Hälfte der tatsächlich geschätzten Menge angegeben wird, um höheren staatlichen Steuervorschreibungen zu entgehen.

Eines aber ist sicher: das Goldvorkommen liegt im Ursprungsgebiet einer der vier Flüsse, die durch Cuenca fließen und bisher dazu beigetragen haben, dass Cuenca die beste Trinkwasserqualität Ecuadors besitzt. In Cuenca kann man das Wasser direkt aus dem Wasserhahn trinken, und das ohne Chlorzusatz. Für eine Österreicherin aus dem alpinen Raum eine Selbstverständlichkeit, in Südamerika ein kleines Wunder.

„Warum muss das Gold zur Stabilisierung der Währungen erst auf umweltzerstörende Art aus den Tiefen der Berge gewonnen werden, um dann, in Goldbarren gegossen, wieder in den Tiefen der Bunker der Banken zu verschwinden?", wundert sich Padre Teodoro. „Könnten die Länder der Ersten Welt nicht einfach schätzen lassen, wie viel Gold sich hier befindet und dann virtuelle Anteile kaufen, ohne das Gold dem Boden zu entreißen? Hier würde es sicherer liegen als in den Banken, die Natur bliebe intakt und die Leute müssten sich keine Sorgen bezüglich verseuchten Trinkwassers machen!"

Für diese Überlegungen verleihe ich ihm sofort und ganz unbürokratisch den Wirtschaftsnobelpreis.

Goldgewinnung in Ecuador

Gold wird meist in riesigen Minen im Tagebau abgebaut: Zuerst wird das Gestein gesprengt und zermahlen. Anschließend wird es, offen zu Hügeln aufgeschüttet, wochenlang mit einer Cyanidlösung versetzt. Das Cyanid löst die winzigen Goldspuren aus dem Gestein – oft nur wenige Gramm pro Tonne. Das cyanidbehandelte Gestein bildet dann an der Luft Säuren, die sich über lange Zeiten durch den Untergrund fressen und früher oder später das Grundwasser verseuchen.

Teilweise wird auch noch das Amalgamationsverfahren angewandt. Dabei gehen Gold und Quecksilber eine Legierung ein. Aufgrund der hohen Dichte und des damit verbundenen hohen Gewichts sammelt sich das Amalgam am Boden an und kann dort leicht abgetrennt werden. Nach dem Abtrennen wird die Legierung auf 360°C erhitzt, wobei das Quecksilber verdampft und das Gold zurückbleibt. Dabei gelangen die hochgiftigen Quecksilberdämpfe meist ungefiltert in die Luft und in die Flüsse. Zusätzlich werden Schwermetalle wie Arsen, Blei und Cadmium freigesetzt.

In Ecuador ist Kinderarbeit offiziell verboten, aber es wird offensichtlich nicht streng kontrolliert. So wird die Arbeit oft zu einem Großteil von Buben ab zwölf Jahren geleistet, die sich für einen Stundenlohn von zwei Dollar acht Stunden pro Tag in den Stollen aufhalten, keinen Urlaub haben und nicht versichert sind.

Zudem, so erzählt mir Lobo, bekommen die Buben von den Älteren Alkohol, lernen eine rüde Sprache und noch einiges mehr, sodass sie in wenigen Jahren zu einem sozialen Problem werden.

Mehrere Pickups und einige alte Busse quälen sich die steile Schotterstraße in über 4000 Meter Höhe hinauf. Am Ausgangspunkt der Wanderung, das heißt am Ende der Straße, stehen schon einige Polizeiautos. Die Polizei möchte offensichtlich auch beobachten, was hier vorgeht. Eine Riesenanzahl von Menschen hat sich verabredet, aber selbstverständlich kommen die meisten nicht zur vereinbarten Zeit. Es ist mir ohnehin ein Rätsel, warum unser Auto pünktlich ist; schließlich bin ich mit vier Ecuadorianern am Weg. Der Padre bleibt beim Auto, um die Zuspätkommenden zu erwarten, während ich mich mit seinem Vater Don Luciano, seinem Schwager Jorge, Luchín, einem Freund der Familie, und einer kleinen Gruppe von *Indígenas* auf den Weg mache. Da ich die Gegend vom letzten Jahr kenne, weiß ich, dass der Marsch zu den Lagunen nicht allzu weit ist.

Schon bei der ersten Lagune lassen sich Don Luciano und Jorge als passionierte Angler am Ufer nieder, während Luchín und ich den See umrunden. Die kahle, leicht hügelige Graslandschaft ist von unzähligen kleinen Bächen durchzogen, in beinahe jeder Mulde ist ein See eingebettet. Nebelschwaden, eine kühle Brise und gelegentliches Vogelgekreische versetzen mich in die Melancholie Lapplands, der Gegend, die ich so liebe. Ich muss mir beinahe gewaltsam ins Bewusstsein rufen, dass ich hier hoch in den Anden bin und keine Rentierherden vorbeiziehen werden. Zurück bei unserer fröhlich schnatternden Gruppe bin ich auch schon wieder in der Realität angelangt.

Wir wandern das kurze Stück zur Hauptlagune weiter, wo sich inzwischen doch einige Leute versammelt haben. Die Sonne bricht kurz durch den Nebel und taucht die Hochebene in warmes Licht, der See glänzt unwirklich schön.

„Niemand folgt mir", bitte ich in Befehlston, „ich möchte ein wenig schwimmen gehen!" Keiner meiner Freunde hält mich zurück; die haben sich schon längst an meine abstrusen Ideen gewöhnt. Ich klettere über einen großen Felsen, der mir als Sichtschutz dient, entkleide mich an dem dahinterliegenden kleinen Kiesstrand und stürze mich nackt in das glasklare

Wasser. Die Wassertemperatur macht der arktischen Wildnis alle Ehre, und schon nach einer Minute bin ich wieder an Land. Wind und Sonne trocknen mich, meine Seele baumelt, und innerhalb von zehn Minuten bekomme ich einen Sonnenbrand. Ich bin eben doch nicht in der Arktis, sondern nur wenige Grad südlich des Äquators.

Als ich über den Felsen zurückklettere, ist gerade ein Fernsehteam eingetroffen. Die Kameraleute starren mich an: „Sind Sie die Verrückte, die da vorher geschwommen ist?" Dass mich jemand vom anderen Ufer aus durchs Teleobjektiv sehen kann, damit habe ich natürlich nicht gerechnet! Luchín biegt sich vor Lachen und malt sich die Fernsehmeldung mit der Schlagzeile *Gringa nada desnuda en Kimsakocha* (Eine Gringa schwimmt nackt in Kimsakocha) aus. Vor lauter Lachen verliert er eine Kontaktlinse, die er wie durch ein Wunder nach 15 Minuten im hohen Gras der Pampa wiederfindet.

Nun sind wir bereit für ein seriöses Interview, in dem wir unsere Bedenken hinsichtlich der Wasserverschmutzung durch die Goldgewinnung gleich mehrmals wiederholen müssen, weil sich der Reporter immer wieder verspricht und jedes Interview mit einem Fluch abbricht, bevor er seine Fragen zum x-ten Mal wiederholt.

Inzwischen ist auch die Mehrzahl der Verspäteten mit dem Padre eingetroffen. Es werden kämpferische Reden mit einem Megaphon gehalten, nach jeder Rede rufen die etwa 300 Anwesenden begeistert „*Viva Kimsakocha!*"

Keine politische Versammlung ohne Gebet, kein Gebet ohne Essen – so viel habe ich in Ecuador schon längst gelernt. Der Padre segnet die Anwesenden und natürlich auch das Essen, das blitzschnell als *pampa mesa* serviert wird. *Pampa* bezeichnet die Grassteppe, *mesa* heißt Tisch, und genau das ist eine *pampa mesa*: Auf dem Boden werden große Bananenblätter als Unterlage ausgebreitet. Darauf platzieren die Leute Reis, Mais,

Bohnen und Früchte. Nach dem Amen im Tischgebet stürzen sich alle aufs Essen, als hätten sie seit Tagen nichts bekommen. Nur wir müssen uns nach wenigen Happen in aller Eile auf den Weg machen, weil dem Padre ganz plötzlich einfällt, dass er um 19 Uhr in der Nähe von Cuenca, drei Autostunden entfernt von hier, seine sonntägliche Messe zu halten hat.

In Cuenca laden wir schnell seinen Vater zuhause ab, dann rasen wir weiter zum Vorort Checa, wo die Messe stattfinden soll. 50 Meter vor der Kirche fällt dem Padre ein, dass er die Tasche mit allen Schlüsseln bei seinen Eltern vergessen hat. Und seine schwarzen Stadtschuhe findet er auch nicht. Die stehen wahrscheinlich am Ende der Schotterstraße nach Kimsakocha.

„Warum machst du es nicht wie Ingrid im Internet-Café?", ruft sein Schwager Jorge triumphierend. „Die zieht immer einen Schuh aus, damit sie nicht vergisst, ihren USB-Stick vom Computer abzuziehen!"

„Das würde in seinem Fall überhaupt nichts nützen, denn er vergisst ja sogar die Schuhe!", übertrumpfe ich ihn noch.

Der Padre liest die Messe in Gummistiefeln, von denen der inzwischen eingetrocknete Schlamm bröckelt.

Später erzählt er mir eine Anekdote aus seinem Leben als Bergpfarrer in Pijilí, und da wird mir klar, dass ihn nur wenig erschüttern kann:

„Einmal kam ich nach einem Platzregen völlig durchnässt in einer kleinen Berggemeinde an, wo ich eine Messe zu lesen hatte. Wenigstens hatte ich die Angewohnheit, die Priesteralbe zur Sicherheit immer in einem Plastikbeutel zu verstauen. So kam es, dass eben dieses weiße Untergewand nun das einzige trockene Kleidungsstück war, das ich noch hatte. Mir blieb nichts anderes übrig, als mich völlig zu entkleiden und mir die Albe für die Messe überzuziehen, darunter war ich völlig nackt.

Die Regenwolken hatten sich verzogen, es war ein herrlicher Abend mit goldenem Sonnenlicht, das alles durchflutete. Aber das Gebäude, in dem ich die Messe hielt, war dunkel, mit winzigen Fenstern – so wie alle Häuser in der Gegend eben gebaut werden. Kirche gab es keine in dem kleinen Dorf. Ein improvisierter Altar war schon vor einer Hintertüre, die zum Innenhof des Hauses führte, errichtet. Ich war ganz ruhig, überzeugt davon, dass in dem herrschenden Dämmerlicht der Hütte niemand mein Adamskostüm unter der Albe bemerken würde. Doch im feierlichsten Augenblick der Messe, als alle Gläubigen sich gerade erhoben hatten, öffnete plötzlich ein frecher Luftzug die Tür hinter mir sperrangelweit. Alle Versuche, die Tür wieder zu schließen, bevor die Abendsonne mit ihrem verräterischen grellen Licht hinter den Bergen verschwinden würde, waren fruchtlos: Die Sonnenstrahlen durchdrangen die Albe und enthüllten schonungslos, was sich darunter befand und nicht einmal durch eine Unterhose bedeckt war – das überstieg sogar die Vorstellungskraft schlechtdenkender Kirchgänger!

Mitten in der Messe blieb mir nichts anderes übrig, als sie mit fünf Worten zu schließen: Gehet hin in Frieden! Amen."

SCHLAGKRÄFTIGE FRAUEN

Der Bürgermeister der Bezirksstadt Ponce Enriquez ist für alle umliegenden Gemeinden, darunter auch La Florida und Pijilí, zuständig. Der Bürgermeister der Nachbarstadt Santa Isabel will seine Macht ausdehnen und diese beiden Gemeinden für sich beanspruchen. Also ködert er die Leute mit kleinen Geschenken, wie Fußbällen, Gratis-Essen oder Gratis-Taxis. Einen Teil der Einwohner von Pijilí hat er so schon für sich gewonnen. Aber eben nur einen Teil. Als er einen Besuch ankündigt, fahren 30 Leute aus La Florida nach Pijilí, um gegen ihn zu protestieren. Sie sind gut vorbereitet und haben Transparente mit der Aufschrift „Wir lehnen den Bürgermeister von Santa Isabel ab!" In Pijilí ist die Stimmung so aufgeheizt, dass ihnen deshalb bei einigen Ständen das Essen verweigert wird, das sie kaufen wollen. Schließlich eskaliert die Situation, als Befürworterinnen des Bürgermeisters von Santa Isabel eine Schlägerei beginnen. Ja, natürlich sind es die Frauen, erklärt mir Laura, denn Frauen dürfen Männer zuerst schlagen, nicht aber umgekehrt!

Die Schlägerei artet aus, Befürworter und Gegner liefern sich ein Gefecht mit Fäusten, Messern und Pistolen. Es gibt mehrere Schwerverletzte. Mit roher Gewalt wollen die Floridanerinnen nichts zu tun haben. Laura setzt sich auf eine Stufe und versteckt sich hinter ihrem Transparent, ohne daran zu denken, dass dort draufsteht: ¡Alcalde – ladrón de conciencia! („Bürgermeister = Gewissensräuber!"). Natürlich wird das Transparent im Zuge des Gefechtes gleich heruntergerissen, sodass sie mit den beiden leeren Stangen in den Händen sitzen bleibt, berichtet sie kichernd.

Don Cesar droht, sollte Padre Marco von Pijilí für die Befürworter Partei ergreifen und sich nicht um Harmonie bemühen, darf er seinen Fuß nicht mehr die Kirche von La Florida setzen. (Könnte es vielleicht auch eine Rolle spielen, dass Padre Marcos Messen nicht unter vier Stunden dauern?)

Es wird noch spannend, denn um 17 Uhr (vielleicht auch erst um 19 oder um 20 Uhr?) wird der Bürgermeister von Ponce Enriquez in La Florida erwartet. Mal sehen, was der als Wahlgeschenk anzubieten hat, falls er tatsächlich kommt. Vielleicht eine funktionierende Wasserversorgung? Heute gibt es wieder einmal kein Wasser in La Florida.

Es erstaunt mich nicht übermäßig, dass der Bürgermeister dann doch nicht auftaucht.

DIALOG

Guten Tag, wie geht es Ihnen, woher kommen Sie?

Guten Tag, danke gut. Aus Austria.

Ah, Australia …

Nein. Austria. Das ist ein kleines Land in Europa, zwischen Deutschland und Italien.

Claaaro. Gibt es bei Ihnen Bananen?

Nein.

Nicht einmal *oritos* (Mini-Bananen)?

Nein.

Wachsen bei Ihnen Orangen?

Nein.

Und Mandarinen auch nicht?

Nein, wir können nur Orangen und Mandarinen aus anderen Ländern kaufen.

Haben Sie Berge in Austria?

Ja, wir haben Berge – wenn auch nicht ganz so hoch wie hier…

Claaaro. Gibt es dort Gold?

Nein.

Und Erdöl?

Nein.

Wie viele Häfen gibt es denn in Austria?

Wir haben keine Häfen, denn wir liegen nicht am Meer.

Sie haben kein Meer? Dann haben Sie auch keine Küste?

Genau.

(Halb mitleidig, halb triumphierend): WIR haben ALLES!

Dialog in einem klapprigen Bus in den ecuadorianischen Anden. Ecuador ist das viertärmste Land Südamerikas.

EIN GEISTERDORF

Eines Abends fahren wir nach La Soledad, einer kleinen Gemeinde nahe Cuenca. Wir, das sind Padre Teodoro, sein Schwager Jorge (mit Gitarre, wie üblich), sein Vater Luciano, Noemí, eine Mitarbeiterin der Pfarre von Cuenca, und ich.

„Wir besuchen ein paar Damen", verkündet der Padre kryptisch, wie üblich.

„Und dazu brauchen wir eine Gitarre?", frage ich ahnungslos wie immer.

„Es sind ein paar *viejitas* (alte Frauchen), die wir ein bisschen aufheitern möchten", klärt mich Jorge auf.

Mit zwei Begleiterinnen aus der Gemeinde steigen wir die kalten Treppen aus rohem Beton in den ersten Stock eines recht geräumigen Gemeindehauses hinauf. Es ist kühl, es ist feucht, es riecht modrig. Der Padre öffnet die knarrende Tür zu einem der Zimmer. Kahle Wände, von denen der Putz abblättert, drei Betten, drei alte Frauen darin, Urindämpfe in der Luft. Die drei können sich kaum rühren und nur mühsam sprechen. Doch ihre Augen leuchten auf, als sie uns erblicken. „Uns", das sind natürlich meine Begleiter.

„Wie schön, dass Sie mich besuchen!", flüstert die eine.

Jorge beginnt auf der Gitarre zu spielen, die Gruppe singt, eine Frau richtet sich ein wenig aus ihrem Bett auf und klatscht fröhlich mit.

Dann fragt der Padre: „Mögen Sie *tortas* (Torten)?"

„Wer will schon *tortilla* (Lesbe) sein!", ruft die Alte. Alle lachen schallend.

„Aber erinnern Sie sich noch an die Torte, die Sie zu Ihrer Hochzeit gegessen haben?", hakt der Padre nach.

„Nein, nein – Hochzeit kommt für mich nicht in Frage, das ist nur etwas für die Faulen!"

„Hier kommt ein schöner junger Mann, der Sie heiraten möchte", behauptet Teodoro.

„Der kann nichts taugen, das muss so ein geistloser Schürzenjäger sein!"

Humor kommt aus dem Herzen in Ecuador, auch wenn er derb anmutet. Die Alte amüsiert sich königlich, ebenso wie wir. Im Hintergrund aber bleibt die Beklemmung über diesen Geisterort. Die Gemeinde ist nahezu entvölkert, oder besser: entmannt. Beinahe alle aktiven Männer haben die Gegend verlassen, um woanders ihr Glück zu versuchen. Zurück bleiben neben den Alten noch ein paar nun alleinerziehende Frauen mit kleinen Kindern. Alle sind auf die Hilfe der *Pastoral Social* des Padre angewiesen.

Ihren Namen *La Soledad* hat die Kommune wegen einer Grotte, die der Jungfrau Maria de la Soledad geweiht ist. *Soledad* bedeutet Einsamkeit – welch ein Omen!

Arbeitslosigkeit und finanzielle Probleme bis hin zum Hunger treiben Ecuadorianer in die Emigration. Sie sehen sich geradezu verpflichtet, in andere Länder auszuwandern und dort für den Unterhalt ihrer Familie zu sorgen.

Doch was ist das Schicksal derer, die sie verlassen haben?", frage ich Noemí.

„Die Auswirkungen sind entsetzlich: Ich habe selbst mit großem Schmerz und zerrissener Seele miterlebt, wie Frauen ihre Ehemännern ziehen lassen müssen, die vielleicht nie mehr zurückkehren. Kinder, die herzzerbrechend schreien und weinen, als ihre Väter sich verabschieden. Szenen, die nicht nur Mitleid erregen, sondern uns zutiefst aufwühlen und empören. Ich sehe Familien mit Geld, aber zerbrochen. Ich sehe Jugendliche mit Schulbildung, aber völlig einsam. Der Kern der Familie ist zerstört. Die Kinder wurden Vormunden übergeben, Großeltern, Tanten oder Freunden, die keine Bezugspersonen für sie sind. Sie gleiten ab in ein entwürdigendes Leben mit Drogen, Alkohol und Kriminalität. Junge Mädchen, die ohne Familie, ohne Liebe und Zärtlichkeit aufgewachsen sind, suchen diese in sexuellen Beziehungen und werden alarmierend früh selbst zu alleinerziehenden Müttern. Und was noch schlimmer ist: Häufig nehmen sie sich in tiefer Depression das Leben. Die Suizidrate unter Jugendlichen ist in Ecuador so hoch wie nie zuvor."

Das Problem ist allgegenwärtig, der Padre schrieb zu diesem Thema sogar eine Geschichte für eine Radiosendung:

EIN MÄRCHEN (?)

Dies ist die Geschichte eines Dorfes, das in herrlichem Klima inmitten fruchtbarer Erde liegt. Ein Dorf, das im Rhythmus der Lieder und guter Traditionen wuchs und gedieh. In großen und kleinen, einfachen und gemütlichen Häusern teilten die Familien das tägliche Brot, unterhielten sich beim Essen und bildeten eine feste Gemeinschaft.

Die Häuser waren umgeben von Gärten, die reichlich Ernte trugen. In den kleinen Werkstätten tönten die Hämmer der Tischler und der Schuster. Zu Mittag sah man die fröhliche, laute Kinderschar aus der Schule in die Felder stürmen, wo sie bei Sonne, Wind und Regen spielten.

Eines Tages – ein Datum, das das Dorf niemals vergessen sollte – kam ein Herr in einem Lieferwagen, vollbeladen mit wundersamen Dingen, die man im Dorf noch nie gesehen hatte: fremdartige Getränke, Essen in Plastikverpackung oder Dosen, komplizierte Geräte, Bekleidung in tausend Formen und Farben, Apparate, die Licht ausstrahlen oder sprechen konnten, und vieles mehr. Neugierig scharten sich alle um den Fremden und sein Gefährt. Nun begann der Herr zu sprechen: „Ich bringe euch das Glück, denn alles, was ihr hier seht, macht glücklich. Wer diese neuen Dinge nicht besitzt, hat schon verloren!"

Und er begann, alle seine seltsamen Waren vorzuführen, mit tausend Einzelheiten und Erklärungen. Als er die Preise verkündete, kramten die Neugierigen in ihren Hosentaschen und wurden sich bewusst, dass sie leer waren – sie besaßen kein Geld! Wofür auch?

Bis dahin hatten sie alles, was sie zum Leben brauchten und was sie glücklich machte, vor der Haustüre: ihre Gärten, ihre Felder, ihre Werkstätten. Enttäuscht kehrten sie in ihre Häuser zurück und empfanden, was sie noch nie gefühlt hatten: die Armut und das Elend.

Am nächsten Tag hörte man keine Gesänge aus den Gärten und Werkstätten, das fremde Auto mit den wundersamen Dingen aber stand immer noch am selben Platz. Der fremde Herr hatte inzwischen ein großen Schild auf der Windschutzscheibe befestigt, auf dem zu lesen war: „Ich habe die Lösung für eure Armut, die schuld daran ist, dass ihr meine herrlichen Waren nicht kaufen könnt!"

Wieder scharten sich die Leute um ihn und fragten begierig: „Was ist die Lösung?" „Auswandern, natürlich!", rief der Händler. Und er erbot sich, sofort allen Mutigen Geld für diese fantastische Reise zu leihen, wenn sie ihm als Pfand ihre Häuser und Äcker überlassen würden.

Eines Tages schließlich brachen die Abenteurer auf. Sie reisten voller Hoffnung und freudiger Erwartung ab. Traurigkeit, Einsamkeit und eine große Leere ließen sie daheim zurück.

Und in den wenigen Häusern, die noch den Familien gehören – denn die anderen gehören ja nun dem Händler! – sehen wir all die wundersamen Dinge aus dem Lieferwagen. Sie nehmen die leeren Plätze der Auswanderer ein.

Zeigt diese Geschichte Wirkung?

Die Leute hören zu, denken nach, erkennen die Konsequenzen, schieben sie beiseite und trösten sich mit „mir wird es nicht so ergehen", resümiert Padre Teodoro ein wenig resigniert und erzählt mir von den vielen realen Schicksalen, mit denen er sich in seinem flächenmäßig riesigen Arbeitsgebiet in der Provinz Azuay laufend auseinandersetzen muss:

EINE MARIENGESCHICHTE

Dies ist eine von tausend Geschichten über jene Dörfer in Azuay, in denen einsame Frauen, kleine Kinder und verlassene Alte zurückblieben. Wir werden eine dieser Frauen einfach María nennen, ein für uns so gebräuchlicher Name. Ein Name, der für jene kleinen, einfachen, von der Bergsonne verbrannten Bäuerinnen steht, die nur einen Traum haben: einen guten Ehemann zu finden.

María fand ihn und verlor ihn.

Nur tausend Tage, nachdem der Pfarrer ihnen den Segen erteilt hatte, wurde der Mann von dem heimtückischen Virus namens „Amerikanischer Traum" infiziert. Er verließ seine Frau und seine beiden Kinder, die sie ihm in kurzer Zeit geboren hatte. Er verließ sie auf dem Landweg, abhängig von einem *coyote*, wie wir die Schlepper nennen, mit einer Schuld, die tausend Tagen Arbeit auf dem Feld entsprach, und mit mehr Ungewissheit als Sicherheit. Er ließ María in Obhut der Schwiegermutter zurück, die selbst verlassen worden war, aber vor vielen Jahren aufgehört hatte, Nächte hindurch zu weinen.

María musste nun ihre Kinder als Mutter und Vater aufziehen. Das Geld, das ihr Mann ihr schickte, reichte gerade, um die Schulden für den Kredit abzustottern, den sie aufgenommen hatten, um den *coyote* zu bezahlen. Untertags hetzte sie von einer Arbeit zur anderen: Hier musste geerntet werden, dort sollte sie einen Sombrero weben. In den Nächten, kaum dass sie die Türe geschlossen und die Kleinen ins Bett gebracht hatte, überkam sie die düsterste Traurigkeit, nämlich die der Einsamkeit, und die bitterste Beklemmung, die der Ungewissheit, lag schwer auf ihrer Brust.

Bloß einen Anruf ersehnen, ein paar Worte ihres geliebten Mannes, die jedoch fast immer in einem Vorwurf des Mannes endeten. Denn die verbitterte Schwiegermutter oder irgendein Wichtigmacher hatten dem Mann erzählt, dass María sich mit einem gewissen Herrn unterhalten hätte. Die Verleumdung führte dazu, dass bereits im zweiten Jahr nicht mehr María, sondern ihre Schwiegermutter das zugeschickte Geld erhielt. Von dieser erhielt María nur ein kleines Taschengeld, um die Kinder zu erhalten.

Nach drei Jahren ist der einzige Trost für María – wie für so viele andere Marías –, am Sonntag in die Kirche zu gehen. Sie ist krank vor Angst, ein begehrliches Objekt für die wenigen Burschen, die es noch im Dorf gibt. Sie wird ständig bedrängt von dem *coyote*. Sie ist des Wartens müde und beinahe ohne Hoffnung, als sie erfährt, dass ihr Mann bereits mit einer anderen Frau zusammenlebt.

Die Einsamkeit hatte auch sie selbst zermürbt, beichtet sie dem Pfarrer, auf der Suche nach Zärtlichkeit ist sie bei einem eindeutigen Angebot schwach geworden. Nicht alles ist verloren. Nach fünf Jahren sind ihre Kinder herangewachsen; ihren Vater kennen sie nur als Quelle des Geldes, das sie von ihrer Großmutter erhalten. Nach acht Jahren hört María auf zu weinen – wie ehemals ihre Schwiegermutter – und sie stumpft ab. Es kümmert sie nicht mehr, ob sich ihr Mann meldet. Sie hat gelernt allein zu leben, wie all die anderen Marías. Überzeugt davon, dass es eine schwere Sünde ist, sich wieder zu verheiraten, tröstet sie sich mit flüchtigen Bekanntschaften.

Nach zehn Jahren kommt die Leiche ihres Mannes in das Haus zurück, in dem María mit ihren Kindern lebt. Die Kinder spielen vergnügt mit Kerzen neben dem riesigen Sarg. Man sagt ihnen, dass ihr Vater gestorben sei, und die Kinder trauern um die Geschenke, die sie nun nicht mehr erhalten werden. Die einzigen wirklichen Tränen fließen bei der Schwiegermutter, die María später schlagen wird, weil sie ihr die Schuld am Tod ihres Sohnes gibt.

Dies ist eine wahre Geschichte. Die Geschichte von so vielen Marías.

MAGDALENA

Eine positivere „Maria" ist Doña Magdalena: Ihr Mann wollte schon immer in die Vereinigten Staaten auswandern, sprach aber nie davon. Eines Nachts träumte sie, dass er auswandern würde, und am nächsten Tag teilte er ihr seinen Entschluss mit. Er habe bereits Kontakte geknüpft ... Die Organisation der Schlepper kostete 10.000 Dollar. Dafür nahm er einen Kredit und eine Hypothek auf die Finca auf. Wie die meisten illegalen Immigranten reiste er über Guatemala nach Mexiko. Die Grenze in die USA wurde in Wüstengebieten bei Nacht überquert. Jetzt ist er Koch in einem Lokal außerhalb von New York, wo er schlecht behandelt wird. Angeblich bereut er seinen Entschluss und hat Sehnsucht nach Ecuador, aber aus irgendeinem Grund – ich wage nicht zu fragen, welcher das sein könnte – kann er nicht zurückkommen. Seit acht Jahren hat Magdalena nur telefonischen Kontakt zu ihrem Mann. Die Hypothek hat sie – teils von den Geldsendungen ihres Mannes, teils durch ihren eigenen Arbeitsverdienst – inzwischen in Raten abgestottert.

Auch ein Schwiegersohn Magdalenas ist in die USA verschwunden. Dessen Kinder haben überhaupt keinen Kontakt mit ihrem Vater und halten den Großvater, mit dem sie gelegentlich telefonieren, für ihren Vater.

IMMIGRATION IST AUCH EMIGRATION

Etwa zwei bis drei Millionen Ecuadorianer leben als Arbeitsmigranten im Ausland, mehr als halb so viel wie die arbeitende Bevölkerung in Ecuador zählt. Nach Spanien (800.000) leben die meisten Exil-Ecuadorianer in den USA (600.000). Im US-Bundesstaat New York bilden etwa 300.000 Ecuadorianer die größte lateinamerikanische Bevölkerungsgruppe.

Da die meisten Ecuadorianer illegal in die USA einreisen, kommen nur wenige zurück. Sie wollen nicht das Risiko eingehen, nach einer Ausreise aus den USA möglicherweise nicht mehr dorthin zurück zu können. Außerdem gehen sie oft bald neue Beziehungen ein, gewöhnen sich an den Lebensstandard und schicken bestenfalls Geld an ihre Familien. Die stets fröhliche Doña Laura ist immer den Tränen nahe, wenn das Gespräch auf einen ihrer Söhne kommt, der ebenfalls in die Vereinigten Staaten ausgewandert ist. Die Gewissheit, dass sie ihn nie mehr wiedersehen wird, ist der größte Schatten in ihrem Leben.

Ich lerne auch einige wenige Heimkehrer kennen. Die Sehnsucht nach ihrer Familie hat sie zurückgetrieben.

Ein Lastwagenfahrer, der mich ein Stück Weges durch die endlosen Kakaoplantagen mitnimmt, fragt mich gleich beim Einsteigen auf Spanisch: „Kommen Sie aus New York?"

„Nein, wieso?", will ich erstaunt wissen.

„Weil Sie eine *gringa* sind. Und weil ich fünf Jahre in New York gewohnt habe!", fügt er stolz hinzu.

„Ah, dann können Sie ja sicher Englisch …"

„Nein, nein, in New York braucht man kein Englisch, da

sprechen alle Spanisch." Zumindest in der Gemeinschaft, in der er gelebt hat, räumt er dann ein. Und innerhalb dieser Gemeinschaft gibt es praktisch die ganze Infrastruktur, die man zum Überleben braucht.

Ein anderes Mal spricht mich ein Bursche in einer Sprache an, die mir seltsam vorkommt, bis ich erkenne, dass es Englisch ist. Er ist 26, hat jahrelang illegal in New Jersey gelebt und ist vor kurzem problemlos, sogar per Flug, wieder ausgereist. Die Einreise vor acht Jahren sei auch nicht schwierig gewesen: Von Tijuana fuhr er einfach mit dem Bus über die Grenze nach Kalifornien, er wurde nicht kontrolliert. Die Organisation dieser Einreise hat ihn aber doch 12.000 Dollar gekostet.

ERZÄHLUNG EINER MIGRANTIN

Jeder Mensch, der sein Land verlässt, um in einem anderen, fremden Land ein neues Leben anzufangen, macht dabei vermutlich die stärksten und schwerwiegendsten Erfahrungen seines Lebens. Sein Heimatland verlassen zu müssen, egal aus welchen Motiven, bedeutet unsagbare schmerzliche Erlebnisse, sowohl für einen selbst als auch für die geliebten Angehörigen.

Vielleicht ist der Grund, warum ich meine Geschichte erzähle, der, dass ich auf irgendeine Weise denen helfen möchte, die ebenfalls ihr Heimatland verlassen und auf abenteuerliche Weise auswandern wollen. Wenn sie meine Geschichte erfahren, überdenken möglicherweise einige Menschen ihren Entschluss und erkennen die Schwierigkeiten, die so ein Schritt bedeutet: das elende Wagnis einer Reise ohne Dokumente, voll von Qualen und Erniedrigungen.

Ich heiße Noemí Molina, wurde in Cuenca geboren und verbrachte eine ganz normale Jugend in einer normalen Familie, voll von Träumen und Zukunftsplänen. Im Nachhinein kann ich nur schwer beschreiben, warum ich damals diesen schwerwiegenden Entschluss fasste. Ein Druck, der auf meine geliebte Familie ausgeübt wurde und ihr Leben bedrohte, war der Auslöser für meine traumatische Entscheidung. Es ist mir nicht möglich, Einzelheiten der Vorgeschichte zu erzählen. Jedenfalls musste ich in jener Situation alles riskieren und den fatalen Weg einschlagen, den man gemeinhin als „Amerikanischen Traum" bezeichnet. Für eine Freiheit, die ich hoffte meiner Familie und mir damit zu verschaffen, machte ich mich auf einen ungewissen Weg: von Ecuador über Panama und Guatemala nach Mexiko, und von dort nach Los Angeles. Alles schien ja so leicht!

Auf eigene Faust und mit eigener Anstrengung trieb ich das Geld für die erste Anzahlung an den *coyote* auf, um zum Ziel meiner Träume zu gelangen: die wunderbaren Vereinigten Staaten von Amerika. Von diesem Augenblick an ließ ich mein bisheriges Leben zurück. Zum ersten Mal verspürte ich eine ungeahnte Beklemmung und Angst in mir, die ich mit einem neuen Mut niederkämpfte. Die Entscheidung war gefallen.

Der erste Zwischenstopp war Guayaquil. Als ich am Hafen ankam, traf ich zu meiner Überraschung jede Menge Gleichgesinnter, die alle demselben *coyote* zugeteilt worden waren. Ab nun brach ich aus Sicherheitsgründen für acht Tage jeglichen Kontakt zu meiner Familie ab, damit die Behörden unter keinen Umständen unsere Absichten herausfinden würden. Geduldig wartete ich, zusammen mit mir völlig unbekannten Personen in eine winzige Wohnung eingesperrt, auf den geeigneten Zeitpunkt, um das Land zu verlassen. Wir lebten auf engstem Raum aneinandergedrängt, mit knappen Lebensmittelzuteilungen. Das Einzige, was uns verband, war die Hoffnung auf die erlösende Mitteilung, dass wir aufbrechen könnten. Die acht Tage erschienen mir wie Jahre. Mit jedem Tag stieg die Angst, entdeckt zu werden und die Reise abbrechen zu müssen, bevor sie überhaupt begonnen hatte.

Endlich kam der heiß ersehnte Tag. Entsprechend der Anweisungen, die ich vom *coyote* erhalten hatte, begab ich mich auf verschiedenen Wegen nach Guatemala und von dort mit dem Flugzeug nach Mexiko, wo ich bei einem Kontaktmann mein gesamtes Gepäck und alle meine Dokumente abgeben musste. Es war merkwürdig zu beobachten, wie manche Gefährten ihre Dokumente ins Klo warfen, verbrannten oder sogar versuchten sie zu essen, um nur ja keine Spur zu hinterlassen. Jeder von uns bekam die Anweisung zu laufen ohne zurückzublicken, kaum dass wir mexikanischen Boden betreten hatten, um alle Flughafenkontrollen vermeiden. Ich hatte keine Ahnung vom Schicksal vieler meiner Gefährten, es wurde mir auch gleichgültig. Ich musste mich selbst durchschlagen und war auf mich allein gestellt. Mein Herz wurde zu Stein. Heute weiß ich, dass einige meiner Reisegefährten in Mexiko im Gefängnis landeten.

Wir Übriggebliebenen setzten uns mit einer weiteren Kontaktperson des *coyote* in Verbindung. Dieser Verbindungsmann brachte mich zu einem Motel, wo ich eine weitere Woche warten musste. Wieder war ich allein, umgeben von anderen Migranten, die ich nicht kannte. Diesmal aus verschiedenen Nationen, diesmal mit einer quälenden Unsicherheit und der Ungewissheit, was alles nun geschehen würde. Ich hatte nur eine einzige Gewissheit: sollte mir etwas zustoßen, würde es niemand je erfahren.

Von diesem neuen Standort aus sollten wir uns der Grenze zu den USA nähern. Die *coyotes* führten uns kaum begangene Routen entlang, auf denen sie uns verfallene und verwahrloste Hütten als Raststätten zuwiesen. Dann begann ein neuer Leidensweg durch die Wüste, bis wir zur Carretera Piedras

Negras und von dort zu den Ufern des Rio Bravo gelangen sollten, um die Grenze zu überschreiten.

Alles ist noch ganz nah in meiner Erinnerung: Die unerträglich hohen Temperaturen, aufgesprungene Lippen, ausgetrocknete, klebrige Zungen. In Gruppen mussten wir uns auf staubigen Wegen zu den ersten Stützpunkten der Strecke fortbewegen. Wir reisten in Viehwägen, die hermetisch versiegelt waren, voll mit Dünger und erfüllt von ekelerregendem Gestank. Wir lagen übereinander, konnten uns nicht rühren, konnten kaum atmen und hatten so gut wie kein Wasser. Dies mussten wir vier bis fünf Stunden pro Tag durchhalten. Dazu kam noch die ungeheure Angst, von den Behörden entdeckt oder von Verbrecherbanden überfallen zu werden, die in der Gegend herumstreiften. Diese Banden waren berüchtigt dafür, illegale Immigranten zu quälen oder zu töten.

All die Ängste und Torturen ertrug ich stillschweigend, stets in der Hoffnung, dass der Albtraum bald vorüber sei und ich mein ersehntes Ziel erreichen würde.

Irgendwann mussten wir die Lastwägen verlassen. Die Landschaft hatte sich nicht sehr verändert: Berge und Wüste, wohin man schaute. Ich hatte keine Ahnung, wo wir uns befanden, ich empfand nur die beklemmende Trostlosigkeit der Umgebung. Ich sah Kakteen, an deren Dornen sich Reste von Kleidungsstücken und anderen Habseligkeiten jener Migranten verfangen hatten, die auf dem Fluchtweg gestorben waren. Ich sah Kameraden, die ohne Kraft und Lebenswillen auf der Strecke blieben und dem sicheren Tod geweiht waren, den Banditen oder wilden Tieren hilflos ausgeliefert. Wir mussten sie ohnmächtig ihrem Schicksal überlassen, wir konnten ihnen nicht helfen. Oft war ich selbst nahe daran zusammenzubrechen. Unter großen Schmerzen schaffte ich es, mich langsam weiterzubewegen. Gott sei Dank ermutigten mich einige Begleiter immer wieder mit Worten, nicht aufzugeben.

Es war unmöglich, sich zu waschen und unglaublich erniedrigend, menschliche Bedürfnisse zu verrichten. Es gab nicht die geringste Rücksichtnahme auf die Scham einer Frau. Ständig musste ich obszöne Phrasen, eindeutige Angebote und auch Missbrauch durch meine männlichen Genossen über mich ergehen lassen. Tag für Tag war erfüllt mit Leiden. Ich fühlte mich so weit weg von daheim, so allein und verlassen, ohne irgendjemanden, dem ich mich anvertrauen oder der mir helfen könnte.

In den Nächten wurde es so unvorstellbar kalt, dass wir uns aneinanderschmiegen mussten, um uns gegenseitig zu wärmen, eingepfercht in verfallene niedrige Hütten. Wir ernährten uns von Tortillas, Eiern und Bohnen, die uns die von den *coyotes* organisierten Bewohner nahe der Grenze brachten. Genau diese Menschen misshandelten uns aber auch, und viele von ihnen denunzierten uns bei den Einwanderungsbehörden. Sogar die *coyotes* dröhnten sich mit Drogen zu, um die ständige Angst vor der Grenzpolizei zu betäuben. Immer wieder war ich nahe daran, mich einfach fallen zu lassen, immer wieder fehlte mir die Kraft weiterzumachen.

Schließlich erreichten wir das Ufer des Rio Bravo, das gelobte Land war in Sicht, die Grenzüberschreitung so nah! Einmal über der Grenze würde sicher alles viel leichter werden, hoffte ich. Welcher Irrtum! Schon die Durchquerung des Flusses erwies sich als unglaublich schwierig. Viele Leute waren in den Fluten bereits gestorben. Wieder hieß es warten. Warten, bis die Strömung des Flusses schwächer wurde und endlich ein Durchwaten erlaubte. Ich habe das Bild jener Minuten noch deutlich vor Augen: Mit unseren wenigen Habseligkeiten auf dem Kopf oder auf den Schultern hakten wir uns mit den Armen ein und bildeten eine Menschenkette. Der Stärkste ging voran, und wir folgten ihm, fest aneinandergeklammert, damit uns die Strömung nicht in den Tod reißen würde. Dies war die schwierigste Etappe. Wir hatten den Tod vor Augen und nur Gott rettete uns.

Nun waren wir in Amerika, aber zunächst änderte sich nichts: Wir mussten in der Wüste und Hitze laufen, kurze Etappen auf Lastwägen oder in alten Taxis reisen, uns in bestialisch stinkenden Abwasserkanälen verstecken, wir wurden gequält und verhöhnt – und all dies für den „Amerikanischen Traum". Schließlich erreichte ich Los Angeles, nahe am Sterben, vollgepumpt mit Serum zum Überleben der letzten Strecke, und mit einer neuen schweren Last auf meinen Schultern: denn auf der Reise hatte ich mich mit Tuberkulose infiziert.

Wie ich unter diesen Umständen Arbeit fand, ist eine andere Geschichte. Diese Geschichte ist so leidvoll, dass ich sie tief in meinem Herzen verberge. Diese Geschichte ist nur für meinen Mann und meinen Sohn bestimmt, den beiden Wesen auf dieser Erde, die ich am meisten liebe und denen ich wünsche, dass sie nie, nie ein Schicksal wie dieses erleben.

So beende ich den Bericht meiner Erinnerungen. Es hat mich viel Anstrengung gekostet, sie zu erzählen. Zu viele unvergessliche Erlebnisse schwirren in meinem Kopf, manchmal hatte ich das Gefühl, das Papier würde nicht reichen, alles aufzuschreiben. Auch wenn du es mir nicht glaubst, beim Niederschreiben erlebte ich alles zehn Mal aufs Neue. Zehn Versuche waren nötig, bis ich das Ziel erreichte, das ich mir gesetzt hatte: dir mein Schicksal zu erzählen.

Ich hoffe, dass ich mit meiner Geschichte ein wenig die Herzen jener berühren werde, die so eine Unternehmung vorhaben und sie nun vielleicht bezweifeln.

Und ich hoffe auch, dass ich mit dem Niederschreiben einen Beweis meiner Beständigkeit für alle meine geliebten Menschen geliefert habe.

Noemí Molina

Noemí kehrte vor Jahren nach Ecuador zurück. Sie ist glücklich verheiratet, arbeitet für die Pastoral Social (Pfarre) in Cuenca und leidet noch immer an den gesundheitlichen Folgen ihrer Flucht in die Vereinigten Staaten.

Etwas nachdenklich reise ich heimwärts in die Alte Welt. Animiere ich mit Englischkursen die jungen Leute dazu, auszureisen? Oder kann ich dazu beitragen, dass die Menschen in ihrer Heimat Perspektiven sehen?

Eines aber weiß ich gewiss: La Florida ist mir ans Herz gewachsen, ja, ich habe mich in ein ganzes Dorf verliebt! Uns so steht mein Entschluss schon bei der Abreise fest: dies soll nicht mein letzter Aufenthalt in Ecuador gewesen sein.

2012:
NACH HAUSE KOMMEN

Seamos realistas y hagamos lo imposible.
(Seien wir realistisch, versuchen wir das Unmögliche.)
Che Guevara

BINGO

Novenas sind Gebetsrituale, bei denen an neun aufeinander-
folgenden Tagen Gebete verrichtet werden, um von Gott oder
einem Heiligen besondere Gnaden zu erflehen. Stirbt ein
Dorfbewohner, kommen ihm diese Fürbitten zu und zugleich
gibt es für die noch Lebenden einen Anlass, am Abend nach
der Arbeit gemeinsam zu beten, zu plaudern und zu essen.
Selbstverständlich wird von mir erwartet, dass ich daran teil-
nehme. Bei meinem dritten Aufenthalt in La Florida fühle ich
mich schon als Teil der Dorfgemeinschaft, nicht mehr wie ein
Besuch „von außen".

Während des Betens muss ich die Hand einer Kranken fest
umfassen, damit – so ihr Wunsch – meine positive Energie auf
sie überströmt. Halten mich die Leute inzwischen etwa für eine Schamanin? Warum eigentlich nicht!

Mir fällt ein, wie ich im Quichua-Dorf Machacuyacu mit
meinem Gastgeber Javier einmal eine Schamanenhöhle be-
suchte. In den hintersten Bereich dieser Höhle, so erklärte er
mir, dürfen selbst Schamanen nur nach einer speziellen Diät:
zwei Tage keine pikanten Speisen, zwei Tage kein Salz essen,
sowie zwei Tage ohne Sex. Damals wurde mir bewusst, dass ich
alle Voraussetzungen für eine Schamanin erfüllte! Nach dem
Beten und Essen beginnt der profane Teil des Abends, das Bin-
go-Spiel. Jeder kann Zahlentafeln um einen Dollar das Stück erstehen. Das Geld wird für wohltätige Zwecke verwendet. Mais-
körner zum Setzen gibt es gratis. Alberto, der Conférencier,
zieht per Zufall aus einer Trommel Würfel mit aufgedruckten
Zahlen und ruft diese Zahlen aus. Wer die ausgerufene Zahl auf
seiner Zahlentafel vorfindet, legt ein Maiskorn auf das Feld.
Und wer als erster alle fünf Zahlen einer waagerechten, senk-
rechten oder diagonalen Reihe markieren kann, ruft laut *Bingo*!
Als Preise winken die Spenden der Teilnehmer: Eier, Teller mit

vollständigen Mahlzeichen, eine Tafel europäische Schokolade, Socken, Kunststoffschmuck, tote Meerschweinchen und lebendige Hühner. Eines dieser Hühner ist an den Beinen zusammengebunden, gackernd kackend vor Angst, ein anderes strampelt in einem Kartoffelsack. Glücklicherweise verfolgt mich das Glück beim Bingo nicht, und ich laviere mich – sehr zum Bedauern der Mitspieler – an den Preisen vorbei. Lourdes gewinnt zehn rohe Eier ohne Verpackung, Doña Laura gewinnt erfreulicherweise nicht das angekackte Huhn, sondern jenes im Kartoffelsack. Zu Mitternacht machen wir uns im strömenden Regen auf den Heimweg, vorsichtig Lourdes' lose Eier balancierend. „Macht Ihnen der Regen nichts, Amiga?", fragt Laura und lacht sich kaputt, als ich antworte: „Ich bin doch nicht aus Zucker!" Ich versuche gar nicht erst mir auszumalen, wie sie das im Ehebett ihrem Mann Luis erzählt …

WALDBESITZ IN PAHUANCAY

Der Padre lädt mich ein, „meinen" Wald in Pahuancay, einem Bergdorf oberhalb von Pijilí, zu besichtigen. Vor zwei Jahren habe ich mit einer Spende die Abholzung verhindert, jetzt soll ich das Ergebnis bewundern.

Wie üblich muss ich früh aufstehen, weil wir angeblich früh starten. Teodoros Vater Don Luciano und sein Schulfreund Manuel wollen auch mitfahren. Müde geht es zu dem mit Manuel vereinbarten Treffpunkt. Dort warten wir fast eine Stunde auf ihn, während er, 50 Meter von uns entfernt, auf uns wartet. Telefonisch war er nicht zu erreichen, „weil er sein Handy im Schlaf verloren hat." Ich döse hinten am Rücksitz, während das Radio permanent und in höchster Lautstärke läuft. Kaum ist Manuel eingestiegen, fängt er auch schon zu reden an, wie ein Wasserfall. „Schalten wir das Radio aus und

Manuel ein", schlage ich vor. Das löst allgemeine Erheiterung aus, während ich wieder ins Dösen versinke.

Auf halbem Weg legen wir einen Frühstücks-Stopp ein. Ich steige etwas verwahrlost aus: Vorne ist die Hose nass, weil die Wasserflasche auf meinem Schoß ein Leck hatte, hinten am Oberschenkel klebt ein halber Kaugummi, ein Souvenir von irgendeinem früheren Mitfahrer (die andere Hälfte pickt noch am Autositz). „Das kann nur Ingrid passieren!", tröstet mich der Padre nicht wirklich. Die drei Herren bestellen Huhn mit Reis, weil es laut Teodoro nicht sicher ist, dass wir in Pijilí oder Pahuancay heute noch etwas zu Essen kriegen, „wir sind dort schließlich nicht in La Florida". Ich pfeife auf diese Bedrohung und begnüge mich mit einem Milchkaffee ohne Milch (weil die Mich ausgegangen ist).

Kurz darauf halten wir im Dorf Recreo, wo wir den Kindergarten besuchen, den die *Amigos de Austria* vor einigen Jahren errichtet haben. Acht weinende Kinder sitzen am Boden. Ein Bub schluchzt bitterlich über sein nasses Hosenbein. Ich zeige ihm zum Trost meine eigene nasse Hose samt Kaugummi, und auf einen Schlag lachen alle Kinder fröhlich, was die zwei teilnahmslosen Betreuerinnen verwundert und meine männlichen Begleiter erfreut. Als wir zum Auto zurückgehen, hängen die Kinder traurig am Eisengitter, starren uns nach und fangen wieder zu weinen an.

Unser nächstes Ziel ist Pijilí, wo wir vor dem Pfarrhaus sofort eine Hühnersuppe serviert bekommen. Das überrascht mich überhaupt nicht, und meine Begleiter stört es nicht, ganz im Gegenteil! Frisch gestärkt geht es weiter nach Pahuancuay. Auch hier waren die *Amigos de Austria* vor ein paar Jahren aktiv und errichteten ein kleines Ausbildungszentrum. Ein junger Sozialarbeiter ist für die Computer zuständig.

„Ein Computer kennt die Maus nicht", bittet er mich sofort um Hilfe. Ich schlage ihm vor, mir probeweise eine andere

Maus zu geben. Zögernd überlässt er mir seine eigene mit der Frage: „Kann die keinen Virus kriegen?" Ich versichere ihm, dass Mäuse keinesfalls von Viren infiziert werden, und siehe da! – die Maus wird erkannt. Die zwei kaputten Mäuse lasse ich an den Kabeln baumeln und rufe in die Runde: „Wer hat Katzen in Pahuancay? Ich habe Mäuse!" Erst schauen mich alle ratlos an, dann gibt es ein großes Gelächter.

Der sündteure Drucker, den der Padre vom Geld der *Amigos de Austria* in Cuenca gekauft hat, kann so ziemlich alles. Nur leider nicht drucken. Was doch irgendwie stört. Nach einigem Herumprobieren schaffe ich irgendwann einen Farbausdruck, schwarzweiß gelingt mir jedoch nicht. „Das ist eben eine weibliche Druckerin, die will nur in Rosa drucken", konstatiere ich und rufe wieder Gelächter hervor. Innerlich aber ärgere ich mich über die Geldverschwendung.

Natürlich müssen wir in die Küche essen gehen. Dies ist bereits das zweite von den befürchteten nicht stattfindenden Essen: zur Abwechslung Hühnersuppe mit jeder Menge Yucca, dazu noch ein Riesenteller mit Meerschweinchen (besser: mit knuspriger Meerschweinchenhaut), Reis, Unmengen Kartoffeln und Salat, alles mit viel Koriandergrün versetzt, um das fehlende Salz zu ersetzen.

Nach dem Essen dürfen wir etwas Bewegung machen und zu „meinem Wald" spazieren, den ich endlich besichtigen soll. „Mein Wald" ist ein mehrere Hektar großer, bewaldeter Hang, den die Gemeinde Pahuancay letztes Jahr mit meiner finanziellen Unterstützung gekauft hat, um zu verhindern, dass alles abgeholzt wird und die Bäume einer riesigen Viehweide weichen müssen. Durch üppige Gewächse wandern wir den Steilhang hinunter, verweilen eine Zeitlang in dem friedlichen Wald, dessen lichte Kronen sogar das Sonnenlicht in der klaren Bergluft durchlassen, und lauschen dem Spiel des Windes mit den gigantischen Blättern. Dann geht es zurück zum Auto.

Am Weg Richtung Tal halten wir bei Doña Juana *la Hablado-ra* (die Vielrednerin), wo ich einen spannenden rhetorischen Wettkampf zwischen Juana und Manuel *el Hablador* miterlebe, den Juana glatt gewinnt. Während sie einen Baumtomatensaft zubereitet, serviert sie uns sämtliche Geschichten von Pijilí, auch die von der legendären Schlägerei. Zur Untermalung ihrer aufgeregten Worte rührt sie im Takt den Zucker ein, während der Löffel in rasender Geschwindigkeit, passend zu den Worten, an die Gefäßwand trommelt. *Pijilichu*, so nennt Don Luciano den Dialekt von Pijilí, ist für mich nur zum Bruchteil zu verstehen. Fast alle Vokale werden verschluckt, und Doña Juanas Sprechtempo ist atemberaubend. Dass sie uns den Baumtomatensaft eigentlich servieren wollte, nachdem er ihr zu akustischen Untermalung gedient hatte, vergisst sie beinahe.

Zurück in La Florida erwartet uns das dritte Essen des heutigen Tages, das die beiden vorangegangenen natürlich in den Schatten stellt – schließlich sind wir in La Florida.

BITTERE SCHOKOLADE

„Heute kann ich Ihnen kein Essen servieren, Amiga, heute muss ich mit Luis zum *guineo*!", teilt mir Laura eines Tages mit betrübter Miene mit. Ich überlege kurz, ob *guineo* etwas Trauriges ist, vielleicht eine Beerdigung?, oder ob Doña Laura einfach nur die Vorstellung bedrückt, dass ich heute nicht genug zu essen bekomme, und entscheide mich für Letzteres. Trotzdem möchte ich wissen: „Was ist denn ein *guineo*?"

„Die *bananas* (Essbananen), die Sie in Europa auch kennen, nennen wir *guineo*, und wenn wir sie ernten, gehen wir zum *guineo*'. Die *plátanos* (Kochbananen) nennen wir *verde*, die sind ganz grün und schmecken roh nicht gut. Aber *patacones*, die frittierten Scheiben der Kochbananen, sind lecker – die haben Sie ja schon mit Genuss probiert! Bei den Essbananen haben wir Verträge mit ökologischen Unternehmen wie *Fair Trade* oder *Equal Exchange,* die liefern auch nach Österreich, Amiga. Diese Firmen kaufen uns jedes Jahr ein bestimmtes Kontingent ab. Wir Bauern in La Florida haben uns alle auf organisch-biologischen Anbau von Bananen und Kakao spezialisiert. Wir dürfen natürlich nur biologische Dünger und Schädlingsbekämpfungsmittel verwenden.

Sie haben ja schon gesehen, dass über die meisten Bananenplantagen Flugzeuge fliegen und Gift in riesigen Mengen versprühen."

Ja, das habe ich! Entsetzt hatte ich einmal beobachtet, wie ein Flugzeug im Tiefflug Pestizide versprühte und die riesige Bananenplantage im Nebel der Gifte geradezu verschwand. Nach diesem Anblick ist mir der Appetit auf konventionell angebaute Bananen für immer vergangen.

„Bei den Bio-Bananen ist das nicht erlaubt", beruhigt mich Laura. „Aber Sie müssen wissen, dass die größeren Bio-Unternehmen trotzdem manchmal in den Stauden versteckt unerlaubt Spritzmittel verwenden. Den Kontrolleuren legen sie dann ungespritzte Blätter als Probe vor. Wir sind ehrlich und verzichten auf diese Methoden. Außerdem: Wenn irgendjemand von uns schwindelt, dann haben wir alle den Schaden, denn wir werden sofort gesperrt, bis der Fall untersucht und geklärt ist."

„Und wie schaffen Sie es dann, Ernteausfälle zu vermeiden?", möchte ich nun wissen. „Schließlich verwenden die konventionellen Bananenplantagen die Gifte ja nicht zum Vergnügen!"

„Wir haben keine Monokulturen, sondern mischen Bananen mit Kakao. Aber trotzdem: Der verdammte *picudo del banano* (ein Verwandter des Kartoffelkäfers) ist unser größter Feind. Damit er seine Eier nicht in die Bananen ablegen kann, decken wir die Bananenbüschel mit Plastikhüllen ab. Beim *guineo* schneiden wir dann die ganze Pflanze samt den Früchten um, denn die neue Bananenstaude sprießt daneben schon heraus und wird in wenigen Monaten selbst Früchte tragen. Die umgeschnittene Staude lassen wir als Dünger einfach liegen. Auch deshalb pflanzen wir Bananen zusammen mit Kakao an, denn die abgefallenen Blätter dienen wechselseitig als Dünger ..."

Luis sitzt am Moped mit laufendem Motor und ruft ein wenig ungeduldig nach Laura. Zur Überbrückung der „Fastenzeit" drückt sie mir schnell ein paar Mandarinen in die Hand, dann setzt sie sich hinter Luis auf den Beifahrersitz.

Meine prekäre Lage scheint sich in Windeseile im Dorf herumgesprochen zu haben, denn Luis und Laura sind noch in Sichtweite, als Doña Juanita wie zufällig herbeischlendert und mich zum Essen einlädt. Der organisch-biologische Anbau ist auch in ihrer Familie ein Thema, und von ihrem Mann Mauro erfahre ich, dass Kakao nicht gleich Kakao ist: „Da wir Bananen und Kakao gemeinsam anpflanzen, ist natürlich auch der Kakao ganz biologisch. Wir bauen nur den wertvollen *Cacao Nacional* an, nicht wie die meisten Anderen den *Cacao CNN-51 Ramillas* (Ramillas sind Stecklinge). Das ist ein Ableger des *Cacao Nacional* von minderer Qualität, mit violettroten Früchten."

Mauro geht zum nächstbesten Kakaobaum hinterm Haus und schlägt eine Frucht mit der Machete ab.

„Schauen Sie, den *Cacao Nacional* erkennen Sie ganz leicht an den gelben bis orange-roten Früchten. Er braucht intensivere Pflege und trägt nur zweimal pro Jahr, nicht dreimal wie der *CNN-51.*"

Doña Rosario kommt auf einen *Cafecito* (also zum Mittagessen) vorbei und ergänzt: „Im November und Dezember schneiden wir die Kakaobäume zurück, das ist wichtig, damit sie wieder kräftig neue Früchte tragen. Im Jänner düngen wir mit biologischem Dünger und Kaliumsulfat-Zusatz. Außerdem werden die aufgeschlagenen Kakaofrüchte innerhalb weniger Tage selbst zu wertvollem Humus! Bis Juni haben wir fast nichts zu tun, das ist für jene ein Problem, die nicht auch Bananen anbauen. Von Juni bis Dezember ernten wir. Die Kakaobohnen nimmt man samt dem Fruchtfleisch heraus und lässt sie einige Tage darin fermentieren, dadurch bekommen sie ihr herrliches Aroma! Dann erst werden sie getrocknet."

Am Heimweg fallen mir plötzlich die überall ausgebreiteten Kakaobohnen auf. Ich hatte mich schon über die großen betonierten Flächen gewundert, die sich vor vielen Häusern befinden.

„Warum werden die Kakaobohnen erst jetzt ausgebreitet? Wir haben doch Juli, und ihr erntet schon seit Juni …?", frage ich Galo und Mariana, meine Musterschüler in der Erwachsenen-Englischstunde.

„Das liegt am feuchten Wetter, Amiga, und das ist unser großes Problem: Die Zwischenhändler zahlen uns für den *Cacao Nacional* nur ein bisschen mehr, als sie für den minderwertigen Kakao *CNN-51* zahlen! Obwohl wir mit dem *Cacao Nacional* mehr Arbeit und weniger Ertrag haben, müssen wir unsere Bohnen oft billig hergeben, bevor wir sie getrocknet haben, denn bei feuchtem Wetter würden sie verschimmeln, und das wissen die Händler. Verstehen Sie, so erpressen sie uns! Wir dürfen die Kakaobohnen aber nicht mit Maschinen trocknen, das ist bei der hohen Qualität des *Cacao Nacional* verboten, denn durch das Gebläse verlieren die Bohnen einen Teil ihres Aromas. Wir müssen sie in der Sonne trocknen und vor jedem Regen schützen. Das heißt, wie müssen sie immer wieder einsammeln und dann aufs Neue ausbreiten. Und sogar nach dem Trocknen können sie in unserem feuchten Klima nicht beliebig lang gelagert werden. Wenn wir die getrockneten Bohnen gleich zu Kakaopaste verarbeiten, sind wir gerettet. Die pure Kakaopaste ist vor dem Verderben sicher. Die ist so bitter, dass man sie nicht essen kann, sie würde den Magen schädigen. Nicht einmal die Kakerlaken gehen an die Kakaopaste. Sobald wir die Kakaopaste haben, können wir von den Zwischenhändlern nicht mehr unter Druck gesetzt werden."

EINE LEBENSGEFÄHRLICHE ERNTE

Vollgestopft mit Einzelinformationen möchte ich jetzt die gesamte Kakaoproduktion chronologisch miterleben. Während Laura und Luis mit dem *guineo* beschäftigt sind, macht sich Lauras Schwester Magdalena zur Kakao-Ernte auf.

„Doña Madgdalena, dürfte ich Sie bei der Ernte begleiten?"

„Aber gerne, Amiga, ich freue ich mich! Wir brauchen nicht viel, einen Rucksack mit Proviant (den dürfen Sie tragen), einige große Säcke, einen Eimer, eine Machete und Gummistiefel – die haben Sie ja schon an. Wir werden einen schlammigen Pfad auf den Hügel steigen, da sind Sie froh über die Gummistiefel."

So ausgerüstet machen wir uns auf den Weg und steigen eine knappe Stunde einen schmalen Pfad hinauf.

„Sehen Sie die vielen Haufen von Kakaofrüchten? Die hat mein Cousin heute Morgen schon mit einer langen Stange heruntergestoßen. Wir wandern jetzt zum obersten Haufen …, so, hier beginnen wir."

Malerisch erstreckt sich der lichte Wald über die Hügel, er wirkt romantisch, gar nicht wie eine Plantage. Kakao- und Bananenpflanzen teilen sich das Terrain mit blühenden Gewächsen und halbwilden Mandarinenbäumen, dazwischen leuchten die riesigen Haufen der Kakaofrüchte wie Gold. Wir stellen Eimer und Rucksack ab, und Magdalena zückt ihre Machete. Begierig, mich nützlich zu erweisen und nicht nur untätig herumzustehen, nehme ich eine Kakaofrucht und reiche sie ihr.

„Halt!!! – heben Sie NIE die Früchte mit den Händen vom Boden auf, unter den Früchten verstecken sich gern *culebras equis* (giftige Lanzenottern). Schauen Sie, ich spieße eine Frucht mit meiner Machete auf, dann nehme ich sie in die Hand, ein Schlag mit der Machete und zack! ist die Frucht in zwei Hälften geteilt. Wollen Sie es auch einmal versuchen?"

Ich nehme die Machete und komme mir vor wie ein Samurai-Krieger. Die Machete ist leichter als vermutet, die Klinge schärfer als mein schärfstes Küchenmesser. Mühelos spieße ich eine Kakaofrucht auf und hebe sie etwas weniger mühelos auf, denn nun ist die Machete plötzlich ganz schön schwer. Außerdem ist es gar nicht so einfach, die Machete wieder aus der Frucht herauszubekommen. Bei Magdalena hat das gerade eben so spielerisch ausgesehen. Endlich liegt die Frucht in meiner linken Hand, wie ein Verurteilter vor dem Henker. Vorsichtig schlage ich mit der tödlichen Waffe auf die steinharte Schale.

Magdalena zerkugelt sich vor Lachen: „Hihi! Sie schlagen und schlagen, und es macht nur tack, tack! Sie müssen viel mehr Schwung nehmen!"

„Ich habe aber Angst, mir die Hand abzuhacken! Ich glaube, es ist besser, wenn Sie weitermachen, in meinem Arbeitstempo würde die *libra* (das halbe Kilo) Kakao 100 Dollar kosten!"

„Hihihi, Sie sind so immer lustig, Amiga! Also gut, geben Sie mir die Machete."

Magdalena schlägt vier bis sechs Früchte pro Minute auf, löst in Windeseile routiniert das Fruchtfleisch samt den Kakaobohnen mit der bloßen Hand heraus und wirft es in den Kübel.

„Jetzt können Sie mir helfen: Wenn der Kübel voll ist, leeren Sie ihn in einen der großen Säcke dort drüben am Weg. Das Fruchtfleisch können Sie ruhig probieren – ich sehe, es schmeckt Ihnen! Naschen Sie nur nicht zu viel, das sagen wir unseren Kindern auch immer. Da kriegt man nämlich Bauchweh. Die gefüllten Säcke lassen wir einfach liegen, das Hinunterschleppen ist Männersache. Und ich erzähle Ihnen unterdessen ein paar Geschichten aus meinem Leben. Mit Ihnen ist das Arbeiten viel unterhaltsamer!"

Culebra equis (Lanzenotter, Bothrops atrox)

Lanzenottern sind die gefährlichsten Giftschlangen in Ecuador. Sie können über einen Meter lang werden und fallen durch ein typisches x-förmiges Muster auf, daher auch der ecuadorianische Name *equis*, das ist die spanische Bezeichnung für X. Die wörtliche Übersetzung wäre also etwa Kreuzotter. Die Lanzenottern sind allerdings bei weitem giftiger. Ihr Gift enthält Hämotoxine, das sind toxische Proteine, die die roten Blutkörperchen zerstören. Ein Biss führt nicht selten zum Tod oder zur Amputation der betroffenen Gliedmaßen. Die Schlangen leben auf der Erde, sind aber auch hervorragende Schwimmer und Kletterer und daher auch sowohl im Wasser wie auf Bäumen anzutreffen.

Ilga von den *Amigos de Austria* erinnert sich voller Schrecken, wie sie einmal, in einem Tümpel stehend, Wasser für die Herstellung von Beton schöpfte, während ein junger Ecuadorianer untätig am Ufer saß und ihr beim Schuften zuschaute. Als sie ihre Eimer gefüllt hatte und vorsichtig mit der schweren Last ans Ufer stieg, sprang der Bub plötzlich blitzschnell zum Wasser, fischte mit einem Ast eine Lanzenotter heraus und erschlug sie. Es war ihm klar gewesen, dass er die ahnungslose Europäerin nicht warnen durfte, während sie im Wasser stand, denn eine schreckhafte Bewegung hätte die Schlange zum sofortigen Angriff gereizt. Und für Ilga wurde der scheinbar penetrante Faulenzer innerhalb von Sekunden zum heldenhaften Lebensretter.

REUNIONES DE CACAO INKLUSIVE GRINGA

Alle Informationen über Kakao sauge ich wie ein Schwamm auf, und es ist kein Wunder, dass nicht nur mein Hirn, sondern auch mein Herz Feuer fängt. Schon bei meinem ersten Aufenthalt in Ecuador hatte ich den Bauern versprochen, zurückzukommen und mich für sie einzusetzen. Und so werde ich bald regelmäßig zu den *reuniones* (Versammlungen) der Kakaobauern aus der näheren Umgebung eingeladen. Die Effizienz dieser *reuniones* kommt nicht ganz an heimische „Arbeitskreise" heran, der organisatorische Ablauf ist eine Geschichte für sich. Wie läuft so eine *reunión* typischerweise ab? Eine Beschreibung steht hier stellvertretend für die unzähligen, an denen ich teilgenommen habe:

Um 15:30 Uhr gehe ich zur *reunión de cacao*, die für 14 Uhr angesetzt war und komme mir vor wie ein alter Hase, der sich schon an die *hora ecuatoriana* gewöhnt hat. Bis 16:30 Uhr trudeln allmählich an die 20 Leute ein, die sich fröhlich austauschen und ihre neuesten Klatsch- und Tratschgeschichten erzählen. Gegen 17 Uhr beginnt der Vorsitzende mit monotoner Stimme, neue Verordnungen zu verlesen. Er lässt sich auch nicht durch die Zuspätkommenden stören, die händeschüttelnd die Runde machen und ihrem jeweiligen Gegenüber beim Händedruck mit halblauter Stimme irgendwelche Neuigkeiten erzählen oder erfahren möchten. Mehrere Anwesende schlafen bald ein, ihr Kopf fällt unauffällig ein wenig nach vorne, der Körper bleibt stabil in Sitzposition. „Du hast Glück, dass du in La Florida gelandet bist", fallen mir die Worte des Padre ein. „Die Leute hier sind besonders lustig, das passt zu dir!"

Doña Laura erklärt mir später – viel später: „Wir aus La Florida werden *dormilones* (Schläfer) genannt, weil wir immer und überall gleich einschlafen!"

Jetzt bin auch ich nahe daran einzuschlafen. Nur die Angst, vom Sessel zu fallen, hält mich wach. Irgendwann lasse ich eine große Tafel Schokolade aus Europa durch die Runde kreisen. Im Nu wachen alle auf und bitten mich, eine Rede zu halten. Ich erläutere meine Ideen: zum ersten meine Vorstellungen, wie ich helfen könnte, und zum zweiten, was von ihrer Seite zu tun wäre. Ersteres wird von allen sofort und ohne weitere Diskussionen einstimmig angenommen, über den zweiten Punkt wird ohne Ende debattiert.

Trotz schwerer Geburt ergibt sich für mich jedes Jahr ein neues Teilergebnis.

2010: Nach allem, was ich bisher erfahren habe, ist mein Kopf voll von Ideen und Visionen. Für eine bessere Vermarktung des Kakaos scheinen mir zwei Punkte wesentlich, um dem Preisdruck der Zwischenhändler zu entgehen: das Trocknen der Kakaobohnen und die Weiterverarbeitung in größerem Stil.

2011: Ich zahle 5000 Dollar auf ein ecuadorianisches Konto ein, das der Padre verwaltet. Das Geld sollen die *cacaoteros* (Kakaobauern) von La Florida in bar bekommen, sobald sie entsprechende Aktivitäten gesetzt und mich darüber informiert haben. Als erstes müssen wir bestimmen, wofür sie das Geld brauchen.

„Für Düngerzusatz!" rufen alle (Wachen) wie aus der Pistole geschossen. „Wenn wir die Kakaobäume regelmäßig mit wertvollem Dünger versorgen, könnten wir auch beim *Cacao Nacional* mehr Ernten erzielen."

„Also gut, nehmen wir an, ihr düngt mehr, und ihr erntet mehr – was macht ihr dann mit dem Riesenhaufen Bohnen?"

Nach einem kurzen perplexen Schweigen rufen alle begeistert: „Wir geben sie *Ihnen!*"

Ich bekomme einen Lachkrampf, und es dauert eine Zeit, bis ich mich beruhige.

„Kennt ihr irgendjemanden, der euch bei der Suche nach einem fairen, ehrlichen Käufer helfen könnte?"

Alle wie aus einem Mund: *„Usted* (Sie)!"

Die Leute glauben mir schon längst nicht mehr, dass ich keine Ahnung habe ...

Der Plan für die nächsten Monate sieht so aus: Kakaobäume schneiden, Dünger kaufen, düngen, ernten, an einem über der Nebelzone gelegenen Ort trocknen und die getrockneten Bohnen an einen fairen Händler verkaufen.

2012: Mein Geld liegt unangetastet auf der Bank und hat sich dank der hohen Zinsen, die in Ecuador üblich sind, sogar vermehrt. Von den im letzten Jahr besprochenen Schritten ist kein einziger realisiert worden. Der Transport und die Lagerung der Kakaobohnen waren offensichtlich ein unlösbares Problem. Das eigentliche Problem aber war ich selbst, ich hatte eben doch viel zu wenig Ahnung und die Eigeninitiative bei weitem überschätzt.

Nach weiteren *reuniones* und vielen Einzelgesprächen wird mir klar: Der Kakao muss bis zur platzsparenden und resistenten Kakaopaste im Dorf weiterverarbeitet werden. Nur so begeben sich die Bauern nicht in neue Abhängigkeiten. Außerdem können sie die Kakaopaste, die auch bei den Ecuadorianern sehr begehrt ist, nicht nur an Zwischenhändler, sondern direkt auf lokalen Märkten verkaufen.

Ich werde also Kakaomaschinen für das Dorf besorgen. Und ich nehme Nachhilfeunterricht in der Verarbeitung der Bohnen zu Kakaopaste.

EINE KAKAOFABRIK IN CUENCA

Bei meinem nächsten Aufenthalt in Cuenca besuche ich mit den *Amigos de Austria*, dem Padre und einem in Cuenca lebenden Kärntner eine Kakaofabrik. Vom Schokoladeduft betört lausche ich hingebungsvoll den Ausführungen der resoluten Chefin: „Wir verarbeiten nur erstklassige Bohnen des *Cacao Nacional*. Erst rösten wir die getrockneten Kakaobohnen in diesem großen Zylinder unter ständiger Bewegung etwa eine Stunde lang, damit die äußere Schale so porös wird, dass sie sich leicht löst. Dann werden die gerösteten Kakaobohnen ganz grob zerstoßen und kommen in ein Gebläse, das ist diese Maschine hier, die so einen Höllenlärm macht. Sehen Sie, die Schalenteilchen wiegen fast nichts und fliegen dort drüben in die Ecke, die kann man gut als Dünger verwenden."

Hermann, der Kärntner, raunt mir ins Ohr: „Und außerdem kann man damit herrlichen Kakaolikör ansetzen, den musst du nachher bei mir verkosten!"

Die Kakaobohnen-Stückchen sind schwerer und fallen direkt vor der Gebläsemaschine zu Boden. Dort können sie nun ganz bequem eingesammelt werden und wandern noch warm in die Steinmühle.

„Durch die Wärme schmilzt die Kakaobutter. Die dickflüssige Masse fangen wir in schönen Formen auf und lassen sie zu der harten *pasta de cacao* verfestigen."

Im Gegensatz zur Schokolade-Verarbeitung in Europa wird hier die Kakaobutter nicht vom Magerkakao getrennt. Und ich erfahre: „Wir in Ecuador essen nicht so wie Sie in Europa in großen Mengen Schokolade. Wir trinken sie lieber. Unsere Trinkschokolade bereiten wir aus Kakaopaste zu: Diese kochen wir mit ganz wenig Wasser und Zimt auf, bis sie geschmolzen ist, und rühren sie dann mit Milch und Zucker schaumig. Ganz lecker schmeckt die heiße Schokolade, wenn man sie mit ein paar Stückchen Frischkäse serviert, das müssen Sie unbedingt probieren!"

HERMANN SVETNIK, DER GRINDIO

Nach der Besichtigung der Kakaofabrik lädt uns Hermann Svetnik ein, sein Maschinenbauzentrum zu besuchen. Hermann ist vor beinahe 40 Jahren nach Ecuador ausgewandert und produziert Maschinen verschiedenster Art: Käsereimaschinen, Schubwägen, komplette Anlagen zur Erzeugung von Kakaopaste ... alles, was man hier so braucht. Selbstbewusst und mit einem leicht ironischen Augenzwinkern erklärt er uns seine Arbeitsphilosophie: „Ich verspreche nicht, wie es hier üblich ist, irgendwelche Fantasiedaten, wann ich etwas fertigstelle, sondern bleibe in der Realität. Meine Produkte sind oft teurer, aber dafür funktionieren sie auch! Nebenbei mache ich mich stark für die Errichtung von Mikrounternehmen und betreibe auch Schulungswerkstätten. Manche Kooperativen, die ich vor Jahrzehnten ins Leben gerufen habe, funktionieren heute noch. Wie du siehst, habe ich mich an Sitten, Gebräuche und die Mentalität hier angepasst, ohne meinen Ordnungssinn und meine Zielstrebigkeit zu verlieren. Deshalb bin ich bei allen als *grindio* bekannt, das ist eine Mischung aus *gringo* und *indio*, haha!"

DER ARQUI UND DIE MÜHLE

Jetzt ist es passiert. Auf der vierstündigen Busfahrt von La Florida ins Hochland von Cuenca wurde mein Rucksack gestohlen. Über Wertvolles werden sich die Diebe wenigstens nicht gefreut haben, aber der Verlust von Tagebuch und Bikini ist für mich schon sehr schmerzlich. Lobo holt mich in Cuenca ab, bedauert mich und schlägt vor, dass ich stattdessen einen Trikini trage (Sombrero, Sonnenbrille, Schuhe). Ich entgegne ihm traurig, dass es wohl nur für einen Monokini (Schuhe) reicht, denn Sombrero habe ich keinen, und meine Sonnenbrille war auch im Rucksack. Lobo will mit einem unvergleichlichen unübersetzbaren Wortspiel das letzte Wort haben: *¿Porqué no nada nada? – Porque no traje traje.* („Warum schwimmen Sie gar nicht? – Weil ich keinen Badeanzug mithabe.")

Doña Lauras Tochter Juany wohnt mit Ehemann Celso und Tochter Andreíta in Cuenca und wünscht sich, dass ich bei ihr übernachte. Der nächste Tag ist ein Feiertag, der *Día de la Bandera* (Tag der Fahne). Am 26. September 1860 machte Präsident Gabriel García Moreno die Trikolore Gelb-Blau-Rot nach einer wechselvollen Vorgeschichte zur bis heute gültigen Nationalflagge Ecuadors. Zur Feier des Tages werden am *colegio* die besten Schüler geehrt, darunter auch Andreíta. Die ist ein aufgewecktes 17-jähriges Mädchen, das an allem interessiert ist und an der Universität studieren möchte. Zu ihrem 15. Geburtstag wollte sie statt der aufwendigen und kostspieligen traditionellen Feier der *Fiesta de Quinceañera* lieber einen Laptop geschenkt bekommen. Ein in Ecuador unerhörtes Zeichen der Emanzipation, zählt doch die *Fiesta de Quinceañera* zu einem der wichtigsten Ereignisse im Leben einer Frau.

In der Schule haben sich alle Schüler in ihren blauen Schuluniformen zur feierlichen Zeremonie mit viel Choreografie, Disziplin und Gesang eingefunden. Die besten Schüler werden einzeln namentlich geehrt und dürfen mit der Fahne in der Hand eine kurze Ansprache halten. Die ganze Familie platzt vor Stolz, ebenso der *Arqui*, ein alter Freund der Familie und Mentor Andreítas, und ich selbst natürlich auch.

Fiesta de Quinceañera (quince = 15)

Der 15. Geburtstag ist für die meisten ecuadorianischen Mädchen einer der wichtigsten Tage in ihrem Leben. Sie fiebern ihm mit großer Aufregung entgegen, als würde sich ihr weiteres Dasein danach komplett ändern. Denn dies ist traditionell der Zeitpunkt, an dem ein Mädchen zur Frau und in die Gesellschaft eingeführt wird. In diesem Alter haben praktisch alle Mädchen schon einen Partner, und der spielt bei der Feier eine wesentliche Rolle. Das Zeremoniell erinnert auch beinahe an eine Hochzeit. Das Mädchen darf sich schminken und hohe Stöckelschuhe tragen. Farben in Rottönen spielen eine wesentliche Rolle: die meisten *Quinceañeras* kleiden sich in traditionellem Rosa, aber auch Purpur oder Violett werden modern. Wie die meisten Feste in Ecuador beginnt die *Fiesta de Quinceañera* üblicherweise mit einer Messe. Der Priester segnet das Geburtstagskind und diesen besonderen Moment in seinem Leben. Nach der Kirche zieht die Festgesellschaft aus Verwandten und Freunden weiter zu dem Ort, an dem gefeiert wird. Dort bilden die meist gleichaltrigen Freunde eine Gasse, durch die das Mädchen Arm in Arm mit seinem Vater schreitet, während Rosenblätter auf ihren Weg gestreut werden.

Der Vater bittet die Tochter um den ersten Tanz, einen Walzer. Nach dem Tanz verteilt das Geburtstagskind 15 Rosen an Verwandte und Freunde ihrer Wahl, mit denen die 15 Geburtstagskerzen ausgelöscht werden. Alle stoßen auf das Mädchen an, und Vater oder Mutter halten eine Ansprache. Dann eröffnet die gefeierte junge Dame mit ihrem Partner den allgemeinen Tanz. An Essen und Getränken mangelt es selbstverständlich nicht, die Feier zieht sich bis in die frühen Morgenstunden. Auch arme Familien scheuen zu diesem Anlass weder Kosten noch Mühen und stürzen sich nicht selten in Schulden.

Am Nachmittag fahren Doña Laura, Juany, Celso, Andreíta und ich mit dem Arqui zu dessen alter Finca bei Cuenca. Der Arqui ist ein pensionierter Architekturprofessor, sowohl gebildet als auch gesprächig (Letzteres besonders). Er redet ohne Punkt und Komma, während ich nach einigen interessanten Abhandlungen, von der Fülle der Informationen überfordert, am Rücksitz im Auto döse.

Die Finca des Arqui könnte der Drehort für einen verwunschenen lateinamerikanischen Film sein. Im riesigen, etwas

verfallenen Herrschaftshaus hängen alle Wände voller Gemäl-
de. Ein Geruch nach längst vergangenen Zeiten durchzieht die
Räume. Sämtliche präkolumbianischen Kunstwerke scheinen
hier vereinigt, Hunderte und Aberhunderte Figuren blicken
mich reglos aus meterhohen Regalen an, sie sind seit Generationen im Besitz der Familie. Zu beinahe jeder von ihnen erzählt
mir der Arqui eine Geschichte.

Während die mehr oder weniger wissenschaftlichen Kom-
mentare dahinplätschern, wandere ich durch die Zimmer-
fluchten, stets den Klängen eines Klavierspiels folgend, die
über mehrere Räume hinweg zart und unwirklich auf meine
Ohren treffen. Einige Räume weiter – es ist inzwischen schon
beinahe dunkel – sitzen Laura und Celso auf weinroten zer-
schlissenen Plüschsesseln und lauschen Andreíta, die auf einem uralten, etwas verstimmten Klavier Chopin spielt. Auch
ich setze mich, inhaliere die Luft vergangener Jahrhunderte
und überlege, ob ich wache oder träume.

Zurück beim Auto kommt Celso mit einem großen, in Lein-
tücher gewickelten Paket im Arm daher. „Was ist das?", fragt
Andreíta neugierig.

„Nur Wäsche!" ruft Laura hastig und legt das Bündel vorsichtig in den Kofferraum.

KAKAOBOHNEN, BRANDBLASEN UND EIN KURZER HEBEL

Am nächsten Tag, zurück in La Florida, widme ich mich mit
Laura und Rosario dem Kakao. Laura hat schon Feuer im Garten gemacht. Rosario kommt mit einem großen Sack Kakaobohnen. Zunächst verlesen wir die Bohnen händisch: Sorgsam
sortieren wir zerbrochene, schimmlige oder zu weiche Kerne
aus. Die darf ich aber nicht wegwerfen, nein! – die kann man

Der „Cacao Nacional" sieht nicht nur farbenprächtig aus, sondern besticht auch durch sein unvergleichliches Aroma.

Don Mauro erklärt anschaulich die Vorzüge des wertvollen „Cacao Nacional", aber auch die Probleme bei Anbau und Ernte.

In unglaublicher Geschwindigkeit schlägt Doña Magdalena mit der Machete die Kakaofrüchte entzwei.

Anschließend rösten Laura und Rosario die Bohnen in einem Tontopf. Dadurch wird die Schale porös und lässt sich entfernen.

Die getrockneten Kakaobohnen werden handverlesen und streng auf Konsistenz und Schimmel kontrolliert.

Die gerösteten Bohnen müssen noch heiß geschält werden, denn dann löst sich die Schale besser.

In einer Kakaofabrik werden die Kakaobohnen maschinell geschält und landen in großen Mühlen, die sie als „pasta de cacao" verlassen.

In La Florida stellen wir die Kakaopaste mit einer kleinen Hand-mühle her.

noch gut verkaufen, denn die werden von großen Firmen zur Herstellung von Instant-Kakaogetränken verwendet.

Laura packt kichernd einen großen Tontopf aus dem „Wäschebündel" aus ... ach, *den* hat sie beim Arqui mitgehen lassen! In diesem Tontopf lassen wir ein Kilo Bohnen unter ständigem Umrühren etwa 20 Minuten am Feuer schwach rösten. Dann werden die Bohnen in eine flache Schüssel geleert und müssen möglichst rasch (per Hand) geschält werden, weil das umso leichter geht, je heißer sie sind. Nach der zweiten Charge bin ich in Übung und mindestens so schnell wie die beiden Damen, obwohl an meinen Fingern schon riesige Brandblasen entstehen. Ich blicke auf meine Uhr, um festzustellen, wie lange wir für das Schälen eines Kilos Bohnen brauchen.

„Bei der Kostenberechnung dürfen wir nicht vergessen, das Gewicht der aussortierten Bohnen abzuziehen, und dann müssen wir die Arbeitszeitersparnis kalkulieren, die euch eine Röst- und Schälmaschine bescheren."

Laura und Rosario blicken mich verständnislos an. „Aber das hier ist ja eigentlich nicht Arbeit! Wir sitzen hier und plaudern, und haben es lustig, Amiga! Es ist das Gleiche, als ob wir jetzt gemeinsam Orangen saugen würden ..."

Ich bin beschämt, wie so oft. Unser Erste-Welt-Arbeitszeit-Modell lässt sich hier eben nicht anwenden. *Arbeits*zeit und *Frei*zeit verschwimmen, alles zusammen ist einfach „das Leben".

Mit einer Mischung aus unbestimmtem Neid, aufkeimendem Zweifel und unzerstörbarer Zuversicht folge ich den beiden Damen ins Haus. Wir montieren eine kleine Handmühle an der Tischkante und füllen die noch warmen geschälten Bohnen in die kleine trichterförmige Öffnung. Dann wechseln wir uns beim Kurbeln ab. Das ist ziemlich anstrengend. Es ist mir ein Rätsel, wie man einen so kurzen Hebel und einen so winzigen Griff konstruieren kann. Die Paste quillt überall aus der Mühle heraus, nur nicht aus dem Loch unten, das dafür vorgesehen wäre. Mein Entschluss, professionelle Kakaomaschinen zu besorgen, verfestigt sich.

Zu dritt kratzen wir die breiige Masse mit einem Messer rund um die Mühle ab, formen runde Fladen und legen diese Fladen auf zwei große Bananenblätter, wo sie in Ruhe aushärten können.

Meine Kakaohände bestreue ich mit Zucker und lecke sie ab. Diese Methode des Händereinigens ist für Laura neu, aber nachahmenswert! Als Belohnung für unsere Mühe bereitet sie gleich einen Topf mit heißer Schokolade zu.

REISE EINER CARISHINA MIT DREI DIRIGENTINNEN UND DON VICTOR

Es waren einmal drei Damen aus La Florida, die wurden von einer Gringa, nennen wir sie *Gringrid*, auf eine Reise durch Ecuador eingeladen. Ziel war das Dorf Machacuyacu am anderen Ende Ecuadors, im tropischen Oriente. Die Gringa hatte das Dorf im Jahr zuvor besucht und war bezaubert von dessen Schönheit und Sauberkeit. Andererseits stellte sie fest, dass die Bewohner dort kaum eine Ahnung von Kakao-Kultivierung hatten, und so kam ihr die Idee, eine Kooperation mit gegenseitigem Unterricht zwischen La Florida und Machacuyacu zu etablieren.

Ein Herr, Don Victor, sollte bei dieser Reise eigentlich auch dabei sein, der war aber zeitlich verhindert. Die drei Damen hießen Laura, Magdalena und Rosario und hatten noch nie eine längere Reise durch Ecuador gemacht. Die Schwestern Laura und Magdalena kannten nicht einmal die Hauptstadt Quito. Gern verzichteten sie für dieses Erlebnis auf einen der Laptops, die Gringrid mitgebracht hatte (denn alles kann man nicht ha-

Guayaquil, die Affenstadt

„Warum werden wir *monos* (Affen) genannt, und sollen wir deswegen beleidigt oder stolz sein?", fragen sich die *Guayaquileños* heute.

Betrachten wir den geschichtlichen Hintergrund: In der zweiten Hälfte des 17. Jahrhunderts regierte in Spanien König Carlos II., der letzte spanische Habsburger (nach seinem Tod begann der Spanische Erbfolgekrieg). Carlos II, „Der Verhexte", war der Sohn Philipps IV. und dessen Nichte Maria Anna von Österreich. Durch die generationenlange Inzucht war er das einzige überlebende Kind aus dieser Verbindung, aber sowohl körperlich als auch geistig eingeschränkt. Er glaubte ein Opfer von Hexerei und dämonischen Verschwörungen zu sein, fürchtete sich vor seiner (menschlichen) Umgebung und flüchtete sich in die Gesellschaft exotischer Tiere, die er an seinem Hof hielt. Als er erfuhr, dass es in einer seiner südamerikanischen Provinzen, in der Gegend des heutigen Guayaquil, aufgeweckte und verspielte Affen geben sollte, bestellte er sofort zwei Exemplare. In komfortablen Käfigen verließen die Affen Guayaquil und kamen bald in Madrid an, wo sie als Sensation bestaunt wurden. Der König war begeistert von den Tieren und verbrachte viel Zeit mit ihnen.

Eines Tages jedoch bekam Carlos in seinem „Zoo-Salon" Halluzinationen (möglicherweise im Zuge eines epileptischen Anfalls) und glaubte sich von Dämonen verfolgt. In Panik verließ er das Zimmer, vergaß die Käfigtüren zu schließen und flüchtete Hals über Kopf in die Kapelle. Während er vor dem Altar kniete und betete, war ihm einer der zutraulichen Affen gefolgt und auf das Kruzifix geklettert. Carlos heftete seine Augen auf das Kreuz und hielt den Affen für den leibhaftigen Satan. Er kreischte laut um Hilfe, zeigte mit zitternder Hand auf den Altar und fiel in Ohnmacht. Der von den vielen herbeieilenden Höflingen völlig verschreckte Affe entfloh auf der Suche nach seinem Gefährten und sorgte so für noch größere Erheiterung bei allen Anwesenden (außer beim König natürlich). Als Folge dieses tragikomischen Vorfalls, der sich wie ein Lauffeuer in Madrid und bis nach Guayaquil verbreitete, erinnerten sich die Leute des Hofstaates bei jedem Ankömmling aus Ecuador aufs Neue an den Affen von Carlos II. – das scherzhafte Klischee war geboren!

ben). Dafür würden sie Gegenden ihres Heimatlandes kennenlernen, die sie noch nie gesehen hatten, und außerdem würde die Fahrt mit der verrückten Gringa sicher lustig werden.

Zunächst einmal mussten sie vom Dorf zum nationalen Busterminal nach Guayaquil kommen. Guayaquil, die Affenstadt, die kannten sie schon.

Von Guayaquil sollte die erste lange Busfahrt der Küste entlang nach Norden bis Pedernales führen. Deswegen mussten sie früh starten. Claudio, der Mathematiklehrer des *colegio*, wollte sie mit seinem neuen kleinen Auto nach Guayaquil bringen und um sechs Uhr Morgen abfahren. Da hieß es früh aufstehen, wie an einem normalen Arbeitstag, denn es gab noch viel zu erledigen: Eine große Tasse Nescafé trinken, dazu ein paar *patacones* braten, dem Ehemann Luis Anweisungen für den Warenverkauf im kleinen Dorfladen geben, dem Sohn Moisés die Schularbeiten und das Füttern der Hühner ans Herz legen, einen großen Sack mit Orangen als Reiseverpflegung herrichten, und was nicht noch alles! Doch für den Rest blieb keine Zeit, denn da tauchte Gringrid mit Claudio schon auf. Sie lachte zwar fröhlich, aber irgendwie hatte man das Gefühl, dass sie schon vor sieben Uhr losfahren wollte – kein Wunder bei einer Gringa. Immerhin dachte sie aber hin und wieder auch schon vernünftig praktisch und hatte ebenfalls einen großen Sack Orangen dabei. Also hinein in Claudios Auto. Gringrid durfte vorne sitzen, die hatte so lange Beine. Und von hinten konnte man besser erzählen, da musste man nicht immer den Kopf umdrehen. Die Gringa hingegen schon; die war ja immer neugierig und fragte bei allem nach, was die drei Damen berichteten. Und wenn man dann ein wenig müde war vom vielen Erzählen, da konnte man, eng aneinander gepresst, einfach ein Nickerchen machen, friedlich an die Nachbarin gelehnt.

Gegen zehn Uhr kam die Gruppe am Busterminal in Guayaquil an. Dort war viel los, und es gab gleich mehrere Busunternehmen, die nach Pedernales fuhren, aber auf Umwegen. Die Gringa ging wie immer schnell, fast im Laufschritt, um einen direkten Bus zu suchen. Die drei Damen mussten wohl oder übel mitlaufen, wenn sie sich nicht in der Menschenmenge verlieren wollten. Schließlich fand Gringrid tatsächlich eine direkte Busverbindung und sagte, „das Internet lügt nicht" – da hatte sie nämlich vorher nachgeschaut. Die Fahrkarten kosteten 9,50 Dollar, und da sagte sie: „Das Internet lügt doch!" Denn das Internet behauptete, dass die Busfahrt sieben Stunden dauern würde. Die schlaue Gringa hatte aber schon in ihrem ersten Jahr in Ecuador nach wenigen Busfahrten herausgefunden, dass man bei der Fahrtdauer weder dem Internet noch dem Schalterbeamten glauben darf, sondern nur dem Fahrpreis: Eine Stunde Fahrzeit kostet einen Dollar. Also war es ja ganz leicht auszurechnen, dass die Fahrt heute über neun Stunden dauern würde. Gut, dass alle vier sich reichlich mit Proviant eingedeckt hatten! Das Frühstück am Terminal (Huhn mit Reis) würde ja nicht ewig sättigen.

Das Damengrüppchen bekam vier Plätze nebeneinander, eingezwängt zwischen den Rucksäcken, die immer in Sichtweite sein mussten, und 50 Kilogramm Orangen, die immer in Griffweite sein mussten. Eine Verkäuferin nützlicher Utensilien stieg kurz vor der Abfahrt zu und begann kurz nach der Abfahrt mit 360 Wörtern pro Minute ohne Punkt und Komma die wundersame Wirkung ihrer Produkte zu beschreiben:

„Wie viele Menschen leben auf unserer Erde wie viele Leute leben in Ecuador Gott der Herr hat auf alle ein Auge Gott lässt niemandem im Stich und wenn Sie jetzt Schmerzen im Rücken oder Verspannungen haben oder Ihr Mann trinkt zu viel und kümmert sich nicht um die Familie oder Sie haben Krebs dann hat Gott der Herr auch etwas bereit um alle diese Leiden zu lindern es kommt aus der chinesischen Medizin und ja es gibt viele Fälle in denen die Personen völlig geheilt wurden und wenn Sie jetzt fragen wie ist das möglich dann sage ich Ihnen dass es ganz einfach ist legen Sie nur diese Kette um Sie werden schon sehen Sie können sie sofort ausprobieren es kostet nur zwei Dollar probieren Sie doch probieren ist gratis …"

Natürlich ließen die drei Damen die einmalige Gelegenheit nicht ungenutzt verstreichen, als ihnen die Halsketten mit Glasperlen zum Probieren in den Schoß gelegt wurden – wann konnte man schon sämtliche Leiden um zwei Dollar loswerden? Für Nackenprobleme gab es ein elektrisches Massagegerät, dessen Batterien sicher bis zur nächsten Haltestelle reichen würden. Edelsteine, um ein Dollar das Stück, in der Hand gehalten, würden Magenprobleme beseitigen … allerdings nicht den Hunger, der nun langsam aufkam.

Gringrid, die offensichtlich keine Leiden hatte und nichts kaufte, sehr wohl aber besorgt um die finanzielle Lage der drei Damen war, schlug vor, mit dem Verkauf von Orangen zu beginnen, um die Kaufgelüste für die restliche Reise zu finanzieren und nicht mehr die schweren Säcke tragen zu müssen.

„*Claaaro!*" rief Rosario begeistert, „wir verkaufen alle Orangen, dann haben wir genug Geld, um uns bei der Heimreise neue zu kaufen!" Da aber der Orangenverkauf mühsamer sein würde, als die Orangen im Sitzen zu schälen und selber zu essen, entschied sie sich für Letzteres und wurde zur Schälmaschine. Blitzschnell schnitt sie oben einen Deckel ab, entfernte rundherum die oberste Schicht der Schale, und schon war die erste Orange zum Aussaugen bereit. Ein leichter Druck auf die Frucht ließ den köstlichen Saft direkt in den Mund laufen. Nach einer halben Stunde und 15 Orangen stellte Laura zufrieden fest: „Jetzt haben wir das Gewicht im Bauch statt im Sack" und schlief sofort ein, erst an die Fensterscheibe, dann an die Gringa gelehnt.

Um halb acht Uhr abends fuhr der Bus in Pedernales ein. Es war bereits stockdunkel, die Luft mild, getränkt von Meeresduft und leicht vibrierend von dem sanften Rauschen der Brandung. Die vier Reisenden zwängten sich in ein Mototaxi und fuhren zur Unterkunft, die Gringrid von ihrem Freund Luis Jumbo aus Quito empfohlen worden war.

Erdbeben in Pedernales

Die 50.000-Einwohner-Stadt Pedernales an der Pazifikküste wurde im April 2016 von einem Erdbeben der Stärke 7,8 verwüstet. Allein hier gab es über 150 Tote und 1700 Verletzte. Über 50 Prozent aller Gebäude stürzten ein oder wurden zu stark beschädigt, um noch darin zu wohnen. Tausende Menschen wurden obdachlos.

Dort stand ein Zimmer mit einem Handtuch, zwei Seifen und fünf Betten für sie bereit; sogar ein Badezimmer war dabei. Luis hatte geraten, auf jeden Fall die Matratzen auf Ungeziefer zu untersuchen. Die fachkundige Expertise der drei Damen verlief zugunsten der Matratzen. Sie warfen sich auf die Betten, zückten ihre Handys und riefen daheim an, um zu kontrollieren, ob La Florida auch ohne ihre Anwesenheit weiter existierte und um Anweisungen für die Sicherung des Fortbestehens zu geben. Gringrid taufte die drei Damen „Dirigentinnen".

Trotz der Handy-Aktivitäten hatte sie aber keine Mühe, die drei zu einer Strandpromenade samt Abendessen zu überreden. Nach dem üppigen Mahl kehrten sie in einem halbleeren Strandlokal mit Discomusik ein, weil die Gringa unbedingt ein Bier als Digestiv brauchte. Don Victor – der Herr aus La Florida, der nicht mitgefahren war – fehlte den tanzwütigen Damen plötzlich sehr. Vielleicht war er ja doch mitgefahren? Zurückhaltend und schweigsam wie er war, hätte er bis jetzt ohnehin kaum etwas gesprochen. Alle vier bewegten sich rhythmisch im Sitzen, und eine jede schwebte kraft ihrer Vorstellung mit Don Victor über die Tanzfläche.

Zurück im Hotelzimmer wurde Victor das fünfte Bett zugeteilt. Abendgebet wurde keines gesprochen, weil sie am Nachhauseweg ein Schild PROHIBIDO PROGRESAR („Weitergehen verboten") entdeckt hatten. Da aber ein Teil der Schrift fehlte, blieb PROHIBIDO RESAR übrig („Beten verboten"; die Orthografie spielte keine Rolle).

Zum Beten wäre auch kaum Zeit geblieben, denn die drei Damen waren ständig mit dem Suchen ihrer Habseligkeiten beschäftigt: Magdalena suchte nach den Anweisungen von Rosario, die es sich schon im Bett gemütlich gemacht hatte, eine verlorene Fünf-Dollar-Note. Dann vermisste Rosario ihrerseits ihre schon mit Zahnpasta vorbereitete Zahnbürste und fand sie nach zehn Minuten in einer Tasche, aus der sie die Bürste triumphierend herauszog (die Zahnpasta blieb drinnen).

Die drei Dirigentinnen versprachen zu schnarchen und sie hielten ihr Versprechen!

Don Victor schwieg.

Am nächsten Morgen ging es für das Frühstück wieder zur Strandpromenade. Die Damen suchten einen Tisch mit fünf Stühlen und nahmen Don Victor in ihre Mitte. Als die Kellnerin die beinahe überquellenden Teller brachte, musste sie ein Foto von der Reisegruppe knipsen. Sie schaute zwar ein wenig befremdet auf Don Victors Stuhl, kam der Bitte aber sofort nach. Don Victor lächelte. Vermutlich.

Die Gringa, schon wieder aktiv, erkundigte sich: „Wer möchte mit mir schwimmen gehen?" – „Don Victor" riefen die drei Damen wie aus einem Mund. Dann aber wagten sie doch einen Strandspaziergang. Laura legte sich gar mit Gringrid für einen langen Plausch in die Brandung, während Magdalena und Rosario lieber dem Wasser fernblieben und durch den sicheren Sand wateten.

Nach diesem wunderschönen halben Badetag kehrten sie zum Hotel zurück, wo Luis aus Quito, von Gringrid bestellt, mit seinem neuen Toyota Pickup wartete. Galant begrüßte er alle: „Nehmt nur Platz, meine hübschen Mädchen", und schon vergaßen die vier Treulosen Don Victor.

Die kurzweilige Fahrt beinhaltete den Besuch eines Museums der *Tsá-Chila*, einer indigenen Bevölkerungsgruppe mit ausgeprägter musikalischer Tradition und hochentwickelter Naturmedizin. Die drei Damen dachten vor Begeisterung gar nicht mehr an ihre Wunder-Halsketten, die sie vor jeglichem Unbill bereits schützten, und beschlossen, sämtliche dort angebotenen Heilpflanzen als Setzlinge mit nach Hause zu nehmen.

Im schönen Stadtkern von Santo Domingo, den man erst nach hartem Kampf durch das Verkehrschaos der etwas weniger schönen Vororte erreicht, lud Luis seine Mädchen zum Essen ein (die „Einladung" war im Fahrpreis inbegriffen). Gringrid wurde allein vom Anblick der gigantischen Essensmengen am Nachbartisch satt. Sie musste natürlich trotzdem etwas bestellen, und entschied sich für einen gedämpften Fisch „ohne alles".

„Ohne alles?"

„Ja, ganz nackt!"

Die drei Damen, Luis und der Kellner glucksten vor Lachen. Don Victor lächelte lautlos.

„Also gut, ganz nackt, aber ein *poquiiito* (gaaanz wenig) Salat können Sie schon dazu nehmen!"

Gringrid musste erst einen Teil des Salates, der *patacones* (Kochbananen) und der Avocados essen, um zum darunter verborgenen „nackten" Fisch durchzudringen, denn auf dem Teller war kein Platz mehr, um Essen beiseite zu schieben.

Über *Mitad del Mundo*, den „Mittelpunkt der Welt", ging es, von Norden den Äquator überquerend, nach Quito.

Ecuador und der Äquator

Ecuador ist das einzige Gebiet in Südamerika, in dem sich der Äquator durch feste natürliche Orientierungspunkte zieht, nämlich durch die Gipfel der Anden. Überall sonst verläuft die Äquatorlinie durch sich ständig verändernde Regenwaldgebiete. Feste Punkte sind jedoch notwendig, um die Bahnen der Himmelskörper zu beobachten. Das Gebiet des heutigen Ecuador ist daher der einzige Ort, an dem schon in frühesten Zeiten eine genaue Positionsbestimmung möglich war. Trotzdem haben neueste GPS-Messungen ergeben, dass der tatsächliche Äquator etwa 240 Meter nördlich des zwischen 1979 und 1982 errichteten Äquatormonuments (*La Mitad del Mundo*) verläuft.

Am folgenden Tag verwöhnte Luis „die Mädchen" in seinem Hostal *Jumbo Lodge* (heute *Dawn's Lodge*) mit dem legendären Frühstück, das die Herzen seiner Gäste eroberte. Nach dem letzten Bissen gähnte Magdalena und meinte: „Ach, das herrliche Frühstück macht mich schläfrig …"

Gringrid fragte neugierig: „Gibt es irgendetwas, das Sie *nicht* schläfrig macht?"

An Schlaf war aber nicht zu denken, denn für die Gringa stand ein Vormittagsspaziergang mit Besichtigung des historischen Stadtzentrums am Programm. Dann blieben die nicht verzehrten Orangen als Gastgeschenk bei Luis und seiner Frau Maria zurück. Die „Mädchen" verabschiedeten sich und bestiegen den Bus nach *Tena* mit ganz wenig Gepäck.

Tena ist eine Stadt im *Oriente*, dem Vorzimmer des Amazonasbeckens. Tena ist Ausgangspunkt für touristische Exkursionen am Río Napo und in den Regenwald. In Tena war das Büro der Organisation *Ricancie*, zu der sich acht Quichua-Gemeinden in der Umgebung zusammengeschlossen hatten, um einen sanften Ökotourismus aufzubauen – jenes Büro, über das die Gringa im vergangenen Jahr das Dorf Machacuyacu entdeckt hatte.

Nach einer atemberaubenden, langen und kurvenreichen Fahrt über die Anden ging es hinunter in das Tiefland des Amazonas. Mit jedem Meter wurde die Vegetation üppiger und für die drei Dirigentinnen vertrauter. Voller Freude entdeckten sie die ersten Bananenbäume: Hier war die Welt in Ordnung.

Tena selbst glich den Städten der Küstenregion, war aber etwas sauberer und wies gewisse Anzeichen von Tourismus auf: vereinzelte gepflegte kleine Hotels im Kolonialstil, mit Blumenschmuck und romantischen Patios. Gringrid rief Richard, den Chef der Organisation *Ricancie* an, mit dem sie ein Treffen beim Bus-Terminal vereinbart hatte und der natürlich noch nicht gekommen war. Die drei Dirigentinnen hingegen kümmerten sich um das Wesentliche, denn für den Aufenthalt in Machacuyacu musste unbedingt alles besorgt werden, was die Natur nicht bieten würde: Mehl, Öl und Toilettenpapier. (Gringrid versuchte heimlich etwas Salz aufzutreiben, was ihr aber nicht gelang). Während Magdalena für das augenblickliche Überleben vier fertig gegarte *choclos* (Maiskolben) erstand, tauchten Richard und Javier, der Koordinator von Machacuyacu, auf.

In einem Taxi ging es ins Dorf, das für die nächsten drei Tage ihr Domizil sein sollte. In der *Casa de Visitantes*, dem Gästehaus aus Bambus, fühlten sich auch die Dirigentinnen sofort wohl. Eine Wand zur Küche gab es nur auf einer Seite, die übrigen „Wände" waren nur etwa einen Meter hoch und erlaubten dem Licht einzufallen und den Blicken, in die üppige tropische Vegetation hinaus zu schweifen. Ein hohes Dach aus *Toquilla*-Palmstroh verlieh ein Gefühl von luftiger Geborgenheit. Welch ein Unterschied zu den dunklen Betonhütten in der Küstenregion! „Ich vermisse mein Heimatdorf überhaupt nicht!", rief Laura und ließ ihren Blick sehnsüchtig rundum kreisen.

Javier nahm die Bewunderung geschmeichelt zur Kenntnis und begann dann die „Tagesordnung" für die Dauer des Aufenthaltes zu besprechen. Die nächsten beiden Tage sollten

Quichua (Kichwa)

Quichua ist neben Spanisch und *Shuar* eine anerkannte Amtssprache in Ecuador und wird von 500.000 bis 2 Millionen Menschen vor allem im Oriente, also östlich der Anden, gesprochen (die Angaben über die Sprecherzahl sind stark schwankend). Um sich von der spanischen Schreibweise bewusst abzugrenzen, bevorzugen viele die Schreibweise *Kichwa* (die Buchstaben K und W gibt es im Spanischen nicht). Einige Wörter haben Eingang in das ecuadorianische Spanisch gefunden, zum Beispiel *ñaño/ñaña* als liebevolle Bezeichnung für Bruder/Schwester oder das lautmalerische und von der Gringa schon in Cuenca häufig verwendete *achachay!* („brrrr!!! kalt!").

In Machacuyacu eignete sie sich als erstes die wichtigsten Wörter an, die sie für den respektvollen und lebensnotwendigen Umgang mit Menschen immer parat haben möchte, unter anderem *ali puncha* („Guten Tag"), *pagracho* („danke"), *chuchagi* („verkatert").

Da auch Zahlen fast überall eine wichtige Rolle spielen, lernte sie die Zahlen von 1 bis 10 und hatte damit gleichzeitig die Zahlen von 1 bis 999 in der Tasche. Denn die Bildung auch komplexer Zahlen ist in Quichua denkbar einfach: 1, 2, 3 = *shuk, ishkay, kimsa*

10 = *chunka*

100 = *patsak*

12 = zehn-zwei = *chunka ishkay*

20 = zwei-zehn = *ishkay chunka*

231 = zwei-hundert-drei-zehn-eins = *ishkay patsak kimsa chunka shuk*

Und so kam es, dass die Gringa innerhalb von zwei Stunden 1018 Wörter Quichua gelernt hatte.

dem Unterricht zum Thema Kakaokultivierung gewidmet sein, im Gegenzug würde dann die Dorfgemeinschaft ihre Erfahrungen mit der Umstellung auf Ökotourismus teilen. Für heute zeigte Javier den Damen ihr Schlafgemach im Nachbarhaus und wünschte gute Nacht.

Im geräumigen Zimmer mit drei Stockbetten nahm sich Rosario das erste Bett, Laura und Magdalena teilten das zweite, während das dritte für Gringrid und Don Victor reserviert war. Don Victor leistete keinen Widerstand.

„Und, wie haben Sie geschlafen?", fragten die drei Damen am nächsten Morgen.

„Nicht so gut, mir sind so viele Gedanken durch den Kopf gegangen."

„Welche Gedanken sind Ihnen denn durch den Kopf gegangen?"

„Alles Mögliche, das passiert manchmal, dass ich einfach dauernd denken muss ..."

„Erzählen Sie, erzählen Sie, was haben Sie gedacht?"

„Ich habe überlegt, ob Don Victor über mir auf dem Rücken oder auf dem Bauch schläft", wich Gringrid mit einem kleinen Scherz aus. Doch für die drei Damen, die sich vor Lachen krümmten, stand fest: Die Gringa muss mit dem stillen Don Victor verkuppelt werden! Laura hielt sich die Seiten und stöhnte: „Die rechte Seite schmerzt mich, die linke auch – ich bin schon am Vermodern!"

„Sie werden gleich stinken!", gab Rosario trocken zurück.

„Wir brauchen Frühstück!", rief Magdalena. Wenn es ums Essen ging, dachte sie immer praktisch. Alle drei sprangen (langsam) aus dem Bett und machten sich auf die Suche nach etwas Essbarem. Die müde Gringa folgte ein wenig später und sah, dass die Dirigentinnen schon jede Menge Yuccas im Regenwald hinter dem Haus ausgegraben und zu kleinen Haufen geschlichtet hatten. Sie kam sich etwas unnütz vor und begann mit schlechtem Gewissen, wenigstens die beinahe 20 Kilo Yuccas zum Gästehaus hinunter zu schleppen. Im kleinen Dorfladen kaufte sie ein paar frisch gelegte Eier, und bereits nach kurzer Zeit hatten die Damen ein üppiges Frühstück aus Yuccas mit Rührei zubereitet, das zumindest die Gringa den ganzen Tag sättigen würde.

Aus dem Dorf tauchten nach und nach zehn Leute mit jeder Menge Kindern auf, die die seltsam zusammengewürfelte Damengruppe erwartungsvoll musterte. Die komische Gringa kannten sie ja schon vom letzten Jahr. Die drei anderen sahen normal aus und würden ihnen in Kürze wertvollen Unterricht geben.

Nach einer halbstündigen Wanderung ließen sich alle in einer kleinen Lichtung nieder. Eine Frau ging mit einem Krug *chicha* im Kreis, jeder nippte von dem erfrischenden Getränk.

Chicha

Chicha ist ein leicht alkoholisches Getränk (1–6 %), das schon von den Inkas getrunken wurde und im gesamten Andenraum Südamerikas bei der indigenen Bevölkerung sehr populär ist. Stärkehaltige Nahrungsmittel (meistens Mais, aber auch Maniok oder Yucca), werden weich gekocht und anschließend zerstampft, bevor Teile der Masse gekaut und wieder in den Topf gegeben werden. Die Amylasen (Enzyme) im Speichel spalten die Stärke in Zucker auf, der die Fermentation beschleunigt. Danach kommt Wasser hinzu, die Fruchtmasse wird mit den Händen durchmischt und dann durch ein Tuch gesiebt. Zum Schluss wird das Getränk zur Fermentation mindestens einen Tag stehen gelassen.

So wie die Küstenbewohner sich kein Leben ohne Bananen vorstellen konnten, schien ein Leben ohne *chicha* für die Quichua undenkbar zu sein. Die kleinsten Kinder bekamen ein Stückchen Zuckerrohr zum Nuckeln, dann begann der Unterricht.

„Ihr baut *Cacao Nacional* an wie wir auch, oder?", begann Rosario mit einer rhetorischen Frage. Sie hatte natürlich sofort die Spezies der im Regenwald versteckten Kakaobäume als solche identifiziert.

„Der *Cacao Nacional* ist die Kakaosorte mit der höchsten Qualität in Ecuador: Ich nehme wohl an, dass ihr den Kakao vollkommen organisch-biologisch anbaut und keine Chemikalien verwendet!"

Die Quichuas nickten zustimmend: „Wir tun überhaupt nichts mit den Kakaobäumen!", versicherten sie eifrig.

„Das sieht man", konstatierte Rosario streng. „Die wachsen hier ja so falsch wie nur möglich!"

Das hatte sogar Gringrid vor einem Jahr erkannt; so war ihr ja die Idee für die „Bildungsreise" gekommen. Hier waren die Kakaobäume einfach ein Teil der *selva virgen*, des „jungfräulichen Urwaldes". Die Äste wucherten in alle Richtungen; die wenigen Früchte, die die Bäume trugen, waren meist schimmlig oder verfault. Und nun hörte sie staunend, wie Rosario klar, verständlich und ohne Abschweifungen ihre Informationen weitergab:

„Der *Cacao Nacional* heißt *tres por tres* („drei mal drei"), weil die Bäume im Abstand von drei Metern gepflanzt werden müssen, damit sie genügend Platz haben. Die Bäume müssen innen ausgelichtet werden, keine Äste dürfen sich kreuzen. Verzweigte Spitzen werden ebenso wie Äste mit verdorbenen Früchten sofort abgeschnitten. Die Schnittflächen dürfen nie horizontal sein, damit das Regenwasser rasch abtropfen kann. Der Baumschnitt erfolgt stets nach der Ernte, und zwar fünf Tage nach Neumond. Das ganze Jahr über müssen die Bäume vor Schädlingen geschützt werden."

Da der *Cacao Nacional* nur organisch-biologisch angebaut und verarbeitet werden darf, hatte Rosario ein Rezept für ein natürliches Pestizid parat, das aus Zwiebeln, Knoblauch, scharfem Chili, Zitronen, Schwefel, Asche und noch ein paar weiteren geheimen Zutaten zubereitet wurde.

Nach der Unterrichtsstunde streifte die ganze Gruppe weiter durch den Wald, um ein paar Ananasfrüchte fürs Mittagessen zu holen. „Stößt man die auch so wie die Kakaofrüchte herunter?", fragte die ahnungslose Gringa. Über die konnte man wirklich immer wieder lachen. Wo doch die Ananasfrüchte direkt aus dem Boden wachsen!

Im Dorf zurück beschlossen die vier Damen, die von der Exkursion etwas verschwitzt waren, ein Bad in der *piscina natural*, dem Naturschwimmbad, zu nehmen. Dieses Naturschwimmbad war der Dorfbach, der nur wenige Meter oberhalb des Dorfes in einer kleinen Schlucht zwischen Felsen aus dem Boden heraustrat und nach 100 Metern mitten im Dorf wieder im Boden verschwand. In der Felsenschlucht hatten sich einige tiefe Gumpen gebildet, die sogar Sprünge aus drei Metern Höhe zuließen und die von den Dorfkindern außerhalb der Schulzeiten ständig besucht waren. Die Gringa hatte sich durch ihre waghalsigen Sprungkünste bereits Ansehen unter den Kindern erworben. Nun folgte sie ihren drei Genossinnen und der Kinderschar in der Felsschlucht ein Stück nach oben, von wo aufgeregtes Rufen zu hören war: In dem Felsloch, aus dem das Wasser wie aus dem Nichts aus der Erde hervorkam, wohnten nämlich Teufel. In den Tiefen verbargen sich aber auch wunderschöne Bachkiesel, Edelsteinen gleich. Was lag näher, als die Gringa in das tiefe enge Loch tauchen zu lassen; der würden die Teufel sicher nichts anhaben können! Und wenn doch … dann war es ja nur eine Gringa.

Diese ließ sich schnell überreden, zwängte sich mühsam in den Felsspalt und tauchte in dem frischen, kalten Wasser nach immer mehr Edelsteinen. Eine Handvoll nach der anderen brachte sie an die Oberfläche und übergab sie der begeisterten Schar von Kindern und den Dirigentinnen. Schließlich rief sie, bereits zähneklappernd: „Ich habe nicht gewusst, dass es in der Hölle so kalt ist! Die Teufel sind alle schon weg, die sind sicher erfroren!" Die Kinder nahmen es erleichtert zur Kenntnis, die Dirigentinnen kicherten, Don Victor schmunzelte lautlos.

Am Heimweg wurde es bereits dunkel, und so beschlossen Laura und Magdalena im Bach unterhalb der Quelle nackt zu baden, weil sie da niemand sehen konnte. Als sie eine Stimme

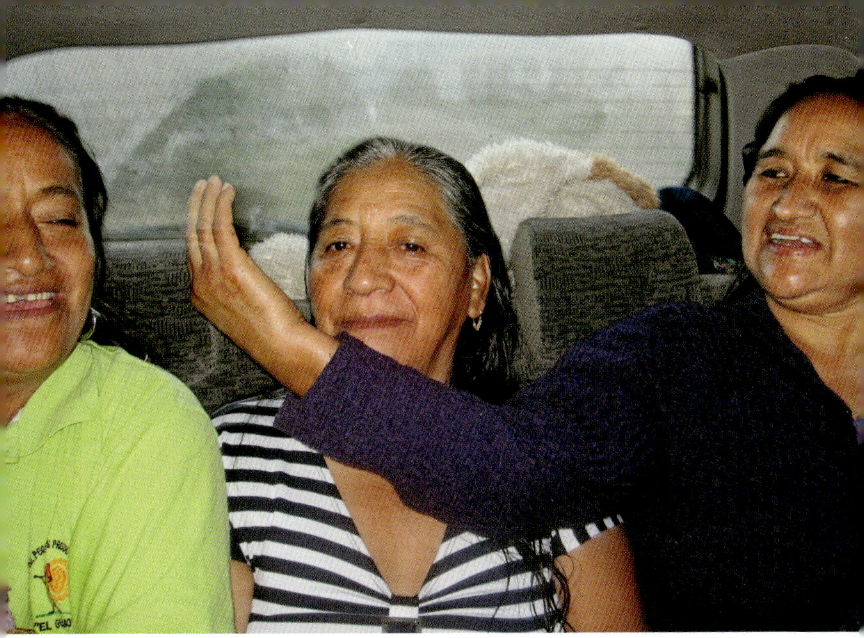

Die drei Dirigentinnen aus La Florida: Magdalena, Laura und Rosario

Am Strand von Pedernales genießen die Damen ihre erste Reise quer durch Ecuador, auch wenn ihnen gelegentlich Don Victor fehlt ...

Das natürliche Schwimmbecken von Machacuyacu ist ein Tummelplatz für die Dorfkinder.

Weinende Kinder lassen sich durch eine „Gringa" mit nassen Hosenbeinen und Kaugummiresten am Gesäß schnell aufheitern.

Alle lauschen Padre Teodoros feurigen Reden gegen die Gold-gewinnung, die bei den Lagunen von Quimsacocha geplant ist.

Bingo-Spielen ist in La Florida die populärste Freizeitbeschäftigung. Die Einnahmen kommen wohltätigen Zwecken zugute.

Musterschülerin Adriana lernt voller Eifer und erfolgreich Englisch-Vokabeln am Computer.

La Florida verwandelt sich von einer Betonhütten-Siedlung in ein farbenfrohes Gartendorf.

vernahmen, glaubten sie es sei Gringrid und riefen fröhlich: *„Estamos en pelotas!"* („Wir sind splitternackt!") Zu ihrem Schrecken war es jedoch nicht die Gringa (die wie üblich weit voran war), sondern ein fremder Mann, der sich allerdings zum Glück taktvoll in der Ferne hielt.

Den Abend verbrachten die vier Damen mit Kakerlaken-jagd, denn die kamen mit Einbruch der Dunkelheit zu Hunderten aus allen Ritzen hervor. Die Dirigentinnen stellten an allen strategischen Punkten in der Küche Gläser und Flaschen mit Nahrungsmittelresten auf, in der Hoffnung, dass die Kakerlaken aus lauter Gier hineinfallen würden und nicht mehr herauskrabbeln könnten. (Die Gringa hingegen befürchtete, dass diese Nahrungsangebote immer mehr Kakerlaken anlocken würden.)

Nun waren schon zwei Tage vergangen, an denen die Damen kein Fleisch gegessen hatten, ein untragbarer Zustand. Das sah sogar Gringrid ein und gab Javier acht Dollar für ein Huhn. Wenige Minuten später erschien er, mit einem riesigen lebenden Hahn unterm Arm, der direkt vor dem Haus nach einem raschen Nackenschnitt schnell und ohne Aufregung das Zeitliche segnete. Die hungrigen Damen rupften das kolossale Tier innerhalb weniger Minuten, nahmen es aus, und schon dampfte ungesalzene Hühnersuppe mit gewaltigen Hähnchenteilen, Yucca und viel Koriandergrün am Herd. Als Vorspeise bereitete Magdalena einen großen Teller *papachinas* zu; die erinnerten ein wenig an riesige mehlige Kartoffeln. *„Papachinas* öffnen den Magen", pries Magdalena ihr Amuse geule an.

Nach dem Verzehr der Vorspeise stellte Gringrid fest: „Papachinas *schließen* den Magen." Mühsam schaffte sie noch einige Bissen von dem frisch geschlachteten, sehr muskulösen Hahn. Dann brauchte sie einen *nescafecito* zum Verdauen, während die drei Dirigentinnen sich genüsslich auf den Bänken ausstreckten und Techno-Musik aus Rosarios Mobiltelefon lauschten. Laura verkündete, sie würde für immer hierbleiben und Kakao anbauen, gäbe es nicht ihren Mann Luis, der vermutlich erwartete, dass sie wieder heimkehrte.

Don Victor genoss und schwieg.

Nach einer zweiten Kakao-Exkursion am nächsten Nachmittag, bei der die Dorfbewohner nach Anweisungen der Dirigentinnen bereits selber Bäume schneiden mussten, trafen die vier Damen am Heimweg Don Pancho, den Arzt des Dorfes. Da er außerdem der Ehemann der Hebamme Carmen war, die auch an der Kakao-Exkursion teilgenommen hatte, erkundigte er sich gleich nach dem Erfolg des Baumschneidens. Gemäß seiner Philosophie sollte die Natur ganz sich selbst überlassen bleiben, denn sie wüsste am allerbesten, was gut für sie sei. Rosario warnte ihn gleich, nicht sehr diplomatisch, dass ihn wohl der Schlag treffen würde, wenn er die kahlen Reste der Bäume sähe. Gringrid entfuhr, noch weniger diplomatisch, der Ausruf: „Sie heißen ja genauso wie Doña Lauras Hund!"

Nichtsdestotrotz wurden alle von Doktor Pancho für den nächsten Tag auf seine Finca eingeladen, um eine Kostprobe seiner medizinischen Fähigkeiten zu erhalten. Die drei Dirigentinnen hatten, wie schon erwähnt, ihre Wunderhalsketten längst vergessen und nahmen die Einladung freudig an. Und die Gringa war ohnehin immer zu etwas Neuem bereit.

Eine knappe halbe Stunde wanderten sie durch den Regenwald zu der „Ordination", die in einer lieblichen Waldlichtung lag. Pancho und Carmen erwarteten sie schon. Auf dem Tisch dampfte ein großer Kessel mit duftenden Heilkräutern. Erwartungsvoll setzten sich die vier Damen auf eine Holzbank an der Wand. Die Dirigentinnen schilderten der Reihe nach, wofür sie Hilfe brauchten. Gringrid vernahm voller Staunen zum ersten Mal, woran die Damen litten, denn Gespräche über persönliche Wehwehchen hatte sie in Ecuador noch nie gehört. Sie selbst hingegen versicherte, dass ihr wirklich gar nichts fehlte, sie aber trotzdem gern am heilenden Dampfbad teilnehmen würde. Don Pancho sah sie zweifelnd an, akzeptierte aber ihr Ansinnen, als sie ihm wenigstens ein aufgeschürftes Knie zur Heilung anbot.

Nach dem Patienten-Erstgespräch ging Pancho zur diagnostischen Untersuchung über. Zunächst einmal brauchte er eine Uhr. Laura und Gringrid waren die Einzigen, die eine Armbanduhr trugen. Pancho entschied sich für Gringrids Uhr, mit der Bemerkung, „die sieht cooler aus", und lieh sie sich für die Dauer der Untersuchungen aus.

Magdalena war als Erste an der Reihe. Gringrid beobachtete verblüfft, wie Pancho fachkundig auf die Uhr blickte, während er Magdalenas Puls maß, denn die Uhr hatte keine Sekundenzeiger. „Das Blut ist ziemlich dickflüssig", konstatierte Pancho. „Es stockt. Aber mit diesem Tee aus Waldknoblauch wird sich alles bessern. Trinken Sie zur Reinigung jede Woche eine Tasse Tee von drei Knoblauchblättern und verzichten Sie in dieser Zeit auf herkömmlichen Knoblauch."

„Und das schadet nicht meinem Cholesterin?", fragte Magdalena besorgt.

„Ganz im Gegenteil!", beruhigte sie Pancho.

Die Pulsmessung wiederholte sich bei Rosario. „Ihr Puls ist zu schnell, das kann von dem Aufstieg hierher kommen. Aber der Tee wird Ihnen Erleichterung verschaffen."

„Aber ich habe gar keine Probleme mit dem Puls, nur mit den Gallensteinen …"

„Genau dafür ist der Tee!", war selbst Pancho über diesen Zufall erstaunt.

Lauras Puls interessierte Pancho nicht; vielmehr schaute er ihr forschend ins Gesicht (mit Kontrollblick auf die Armbanduhr): „Ihr Gesicht ist geschwollen, vermutlich wegen einer

Gastritis. Trinken Sie keinen Zitronensaft und kein Coca Cola. Arbeiten Sie langsam!"

Laura war etwas enttäuscht, dass sie ohne Tee davonkam. „Mein Sohn hat Harnwegsprobleme, und niemand kann ihm helfen." Bevor Gringrid mit sich selbst wetten konnte, dass der Tee hier helfen würde, rief Pancho erfreut: „Dieser Tee ist genau das richtige Heilmittel für ihn!"

Inzwischen hatte Panchos Frau Carmen das Dampfbad vorbereitet. Ein riesiger Kessel mit Heilkräutern und siedendem Wasser wurde auf den Fußboden gestellt, Carmen und ihre Tochter holten Decken, und Pancho befahl den Damen, die Kleider abzulegen. Während die Gringa sofort begann, sich auszuziehen, gab es einen entsetzten Aufschrei der Dirigentinnen, die einander noch nie nackt gesehen, geschweige denn sich je vor einem Mann, außer dem eigenen, entkleidet hatten. Aber schließlich besiegte der Wunsch nach Gesundheit ihre Scham und alle vier schlüpften unter die leicht kratzige Decke. Um die Wirkung des Dampfes zu erhöhen, nahmen sie immer mehr den Deckel des Kessels ab und rührten mit großen Holzstäben in der kochend heißen Kräuterbrühe. Dabei malten sie sich flüsternd aus, wie Pancho und Carmen draußen gerade ein Mordkomplott aussheckten, um sie ganz bequem, alle auf einmal unter der Decke gefangen, umzubringen. Und womöglich zu verspeisen? Hahaha!

Die Gringa verließ als erste die Dampfhöhle. Einerseits schrieb sie das beginnende Kribbeln am Rücken nicht nur dem Dampf und der kratzigen Decke zu, sondern auch dem höchstwahrscheinlich in den Decken lebenden Getier. Andererseits wollte sie ihren Fotoapparat holen, um eine Erinnerung an dieses denkwürdige Erlebnis zu haben. Die Damen kreischten aufs Neue und bedeckten kleine Teile ihrer Blöße mit den Decken, wollten aber trotzdem unbedingt fotografiert werden. Nachdem sie, erfrischt und bekleidet, wieder auf der

Bank Platz genommen hatten, verbot ihnen Pancho jegliche Körperwäsche für die nächsten beiden Tage, damit die Kräuter Zeit für die Wirkung haben würden.

Gringrids Kniewunde wurde mit *sangre de dragón* („Drachenblut"), einem roten dünnflüssigen Baumharz, beträufelt, die Flüssigkeit mit einer Vogelfeder sanft verteilt. Und die Ungläubige musste dem Doktor Abbitte tun, als sie am nächsten Morgen feststellte, dass Eiterung und Schwellung über Nacht verschwunden waren!

Sehr befriedigt wanderten die Damen nach Hause, doch dort erwartete sie eine böse Überraschung: Der restliche Hahn im Waschbecken war von Tausenden Ameisen und Hunderten Kakerlaken übersät. Die Dirigentinnen kreischen empört und überschütteten den Kadaver mit kochendem Wasser, um das Fleisch für eine weitere Hühnersuppe verwenden zu können. Gringrid teilte mit, dass sie zwar im Prinzip keine Vegetarierin sei, hin und wieder aber doch, und zufällig sei gerade jetzt so ein vegetarischer Zeitpunkt eingetreten. Die Dirigentinnen, um ihr leibliches Wohl besorgt, beschlossen *empanadas* zuzubereiten, denn von denen wussten sie, dass die Gringa sie liebte.

Die Teigmasse war schnell geknetet, nun musste sie nur zu Bällchen geformt, zwischen den Handflächen platt gedrückt, mit Frischkäse gefüllt und an den Teigrändern zusammengedrückt werden. Gringrid konnte mit der rasenden Geschwindigkeit der Dirigentinnen nicht mithalten, und ihre *empanadas* verformten sich durch die Schwerkraft zu langen Schläuchen, bevor sie zu Teigtaschen wurden.

„Sie sind ein richtiger *pishko*, eine *carishina*!", riefen die Dirigentinnen prustend vor Lachen.

„Was ist denn *pishko*?"

„*Pishko* oder *carishina* ist jemand, natürlich meist ein Mann, der nichts von Kochen und Küchenarbeit versteht."

Gringrid gab zu, dass sie in der ecuadorianischen Küche ganz sicher ein *pishko* oder eine *carishina* war, aber wenigstens zum Tragen der Lebensmittel taugte.

Einigermaßen pünktlich – oder vielleicht auch durch den Duft der frischgebackenen *empanadas* angezogen? – kam Javier zum vereinbarten Abendgespräch, bei dem die Dirigentinnen erfahren sollten, wie man ein Dorf umgestalten muss, um ein wenig Tourismus aufzubauen, oder auch nur, „um für immer hierbleiben zu wollen."

Neben den noch heißen *empanadas* tischten ihm die Dirigentinnen ebenso brühwarm die Neuigkeit auf, dass die Gringa ein *pishko* war. Die Reaktion von Javier war sogar für die Dirigentinnen überwältigend. Vor Lachen verschluckte er beinahe eine *empanada* und war kaum fähig zu sprechen. Mühsam erklärte er endlich, was das Quichua-Wort *pishko* wirklich bezeichnete: das wichtigste Organ des Mannes. Die Gringa verkündete daraufhin mit Nachdruck, lieber nur eine *carishina* sein zu wollen.

Nach dieser Klarstellung, allgemeiner Beruhigung und mit *empanadas* gefüllten Mägen begann der eigentliche Teil des Treffens. Javier schilderte die mühsame, aber erfolgreiche Umgestaltung des Dorfes von einer Ansammlung verwahrloster Hütten zu einem schmucken Plätzchen. Noch vor wenigen Jahren war es üblich, Müll einfach aus dem Fenster zu werfen. Die Umerziehung der Leute dauerte mehr als ein Jahr. Nun aber waren sie soweit, dass sie gar nichts mehr wegwerfen *konnten*. Schon die kleinen Kinder waren an das Trennen von Müll gewöhnt. Alle Häuser wurden ausschließlich aus Materialien errichtet, die in der Umgebung wachsen. So wurden Kosten und unnötiger Transport vermieden. Das Besucherhaus, in dem sie gerade saßen, war innerhalb von nur drei Wochen errichtet worden – und das neben der täglichen Arbeit, der die Dorfbewohner nachzugehen hatten. Lediglich Nägel wurden gekauft, alle übrigen Materialien stammten aus der unmittelbaren Umgebung.

Die Dirigentinnen wurden ein wenig still und gaben zu, dass sie zu Hause dieselben Voraussetzungen hätten, sie jedoch nicht nutzten. Das Müllproblem war noch völlig ungelöst. Zement musste teuer eingekauft werden, die Konstruktion eines Hauses dauerte bedeutend länger, und das Produkt war bei weitem nicht so schön wie die Bambushäuser in Machacuyacu. Genau deshalb wollten sie ja alle hierbleiben!

Gringrid meinte, dass sich zumindest das Müllproblem ganz ohne Knowhow, Bürokratie und finanzielle Unterstützung lösen ließe: Man müsste ja einfach nur aufhören, gedankenlos wegzuwerfen! Die Dirigentinnen stimmten begeistert zu und planten in Gedanken schon Gästehäuser. Don Victor schwieg. Und die Gringa verbarg ihre Skepsis.

Am nächsten Morgen hieß es Abschied nehmen. Alle waren zufrieden mit dem Ergebnis des Besuchs: Die Bauern von Machacuyacu blickten hoffnungsfroh der nächsten Kakao-Ernte entgegen. Die Dirigentinnen hatten die Köpfe voll von Anregungen und das Gepäck voll von allerlei Nützlichem. Neben den Wundermitteln asiatischer Heilkunst aus dem Bus und den Setzlingen aus dem *Tsá-chila*-Dorf war noch dazugekommen: ein Sammelsurium von Pflanzen, die in der Arche Noah nur schwer Platz gefunden hätten; neun Liter Tee von Dr. Pancho; drei Kilogramm Edelkieselsteine aus dem Teufelsloch; und diverse andere Mitbringsel, von denen die Gringa ja nicht alles wissen musste, die aber so viel Platz in den Taschen der Dirigentinnen einnahmen, dass die Edelkieselsteine in den Rucksack der Gringa gepackt wurden.

Um 13 Dollar pro Person reisten die Damen zurück nach Cuenca. Die Fahrzeit betrug natürlich 13 Stunden.

SCHMUCK UND SCHMUTZ

Ärmliche Betonhütten an Lehmstraßen mit riesigen Pfützen in den zahlreichen Schlaglöchern, Plastikabfälle, wohin man blickt. Wiesen mit hohem Unkraut, die sich augenblicklich in Schlamm verwandeln, wenn man einem ausgetretenen Pfad folgt: So präsentiert sich La Florida wie jedes Jahr. Ist dies das Schicksal einer armen Bevölkerung oder lässt sich hier etwas ändern?

Nach den Reiseerfahrungen mit den drei Dirigentinnen von La Florida sehe ich den richtigen Zeitpunkt gekommen, um das Dorf nach dem Vorbild von Machacuyacu ohne jeglichen Geldaufwand etwas aufzumöbeln.

„Ihr heißt ‚Florida‘, das heißt blühend! Wollt ihr nicht, dass euer Dorf seinem Namen Ehre macht?"

Ja, das wollen alle. Aber wie?

„Der erste Schritt ist ganz einfach: Ihr räumt sämtlichen Müll weg, der in eurem Dorf herumliegt. Der zweite Schritt ist noch einfacher: Ihr werft in Zukunft einfach nichts mehr in die Natur. Schließlich kommt regelmäßig die Müllabfuhr, und es gibt bereits Container für die Abfälle. Diese beiden Schritte kosten euch keinen *centavo*, man braucht keine Einschulung wie bei komplizierten Geräten, ja, man braucht nicht einmal die Hilfe der *Amigos de Austria!*" (Bei meinem letzten Argument bin ich mir nicht ganz sicher, ob es wirklich zieht.)

Lourdes ergänzt: „Und alle legen wunderschöne Gärten an, damit La Florida wirklich erblüht!"

„Bevor ich abfahre, erwählen wir die schönsten Gärten, und die Sieger erhalten von mir einen Preis!", lautet meine dritte Steigerungsstufe.

Don Luis lacht sich halb tot, als ich mitteile, dass ich einen Gartenwettbewerb veranstalten werde, bei dem ein wesentliches Kriterium sein wird, dass vor den Häusern der Teilnehmer kein Müll liegen darf.

„Das wird hier nie stattfinden, *hermanita* Ingrid, Sie werden schon sehen!"

Doch hier täuscht sich Luis.

Voller Elan werden Kindergruppen bestimmt, die den Müll (mit etwas weniger Elan) wegräumen werden. Voller Elan beginnen fast alle Familien des Dorfes, vor ihrem Haus sauber zu machen und Blumen zu pflanzen. Den größten Elan entwickelt Lourdes. Beinahe habe ich den Verdacht, dass sie selbst den Hauptpreis gewinnen möchte!

Wir ackern gemeinsam den Vorplatz vor unserem Haus um, graben Steine aus, mit denen wir gleich Schlaglöcher füllen, und setzen unter Lourdes' Regie jede Menge Blumen. Gute Komposterde holen wir uns von Doña Laura. Hinter ihrem Haus steht ein großer Kakaobaum. Die herabgefallenen Früchte verwandeln sich binnen weniger Tage in eine pechschwarze, kompakte, nährstoffreiche Masse. Diese vermischen wir zur Auflockerung mit ein paar trockenen Kakaoblättern und schleppen sie auf einer Plastikplane vor zur Straße. Vor dem Haus sitzt Doña Laura und schält Orangen.

„Bleiben Sie doch ein wenig und saugen wir gemeinsam Orangen!", schlägt sie vor. Wir lassen uns leicht überreden, setzen uns zu ihr auf den Boden und schlürfen Orangensaft direkt aus den geköpften Früchten. Nach der siebten Orange sagt Lourdes, dass sie von dieser Art, Orangensaft zu sich zu nehmen, Magenweh bekommt und greift nach einer achten. Nach eineinhalb Stunden Saugen und Plaudern wandern wir mit unserem Kompost die 50 Meter nach Hause. Eigentlich ist es gar nicht so unangenehm, wenn nichts flott weitergeht ...

Nach einer Woche begeben wir uns auf einen Rundgang durchs Dorf zur Garteninspektion. Die Gartenkonkurrenz mutiert, wie nicht anders zu erwarten, zu einem kulinarischen Wettbewerb. Überall bekommen wir etwas serviert: Orangensaft, heiße Schokolade, Rosenäpfel, Bier, Rote Bananen, *pasta de cacao* oder gleich einen ganzen Sack *guayabas* (Guaven). Sogar eine scheingoldene Uhr wird mir angeboten, die muss ich als Bestechungsversuch werten und ablehnen. Die Schwester Rosarios bittet mich, Taufpatin für ihre Tochter Lisbet zu sein. Dieses Angebot kann ich natürlich nicht ablehnen.

Lourdes und ich verbringen Stunden mit der Bewertung der Gärten. Schließlich spielt nicht nur die Schönheit der Bepflanzung eine Rolle, sondern auch das angebotene Essen, die Armut der Familie, das Benehmen ihrer Kinder in der Schule, die Präsenz der Eltern in der Kirche, Lourdes' persönliche Sympathie und vieles anderes, von dem ich keine Ahnung habe. Um Missstimmungen zu vermeiden, schlage ich vor, dass einfach alle einen Preis erhalten.

ERWARTETE PREISE, EINE UNERWARTETE TAUFE UND LANGES WARTEN AUF EINE FIESTA

Der Tag der Preisverteilung ist auch mein letzter Tag in La Florida. Um 14 Uhr (also frühestens um 15 Uhr) sollen sich alle im Gemeindesaal zur Ehrung einfinden. Danach sind die Taufe (19 Uhr) und mein Abschiedsfest (20 Uhr) angesetzt. Don Lobo ist extra aus Cuenca angereist, um sich an der Gartenbegutachtung zu beteiligen. Um 14 Uhr sind wir immer noch mit letzten Besichtigungen beschäftigt. Da sich die Anzahl der Teilnehmer laufend verändert, müssen wir die vorhandenen Preise immer wieder neu gruppieren. Die Einzige, die ganz unnötigerweise schon etwas nervös wird, bin ich.

Um 15 Uhr serviert Magdalena dem Jurorenteam köstlichen Fisch. Schließlich kann man Preise nicht hungrig verteilen.

Um 17 Uhr beginnt die Zeremonie mit wunderschönen Ansprachen und Lobreden.

Um 19 Uhr erfahre ich, dass die Taufe nicht in La Florida, sondern in Ponce Enriquez, eine Autostunde von hier, stattfindet. Zuvor aber müssen wir zur Familie, wo uns das sechsjährige Taufkind Lisbeth in einem wunderschönen weißen Kleidchen erwartet. Erstaunlicherweise fahren wir ohne weitere Verzögerung sofort nach Ponce Enriquez. In der Kirche dort warten schon jede Menge Taufkinder aller Altersklassen. In einem fünfminütigen Intensivkurs lerne ich die Antworten, die ich als Taufpatin zu geben habe: *Sí, me compremeto, Sí, lo creo, Sí, lo quiero.* („Ja, ich gelobe, ja, ich glaube, ja, ich will").

Die Taufzeremonie wird von einer Frau abgehalten, die auch die (vorher von einem männlichen Priester geweihte) Hostie bei der Kommunion austeilt. Obwohl sie die Messe mit weiblicher Effizienz durchführt und sich nicht mit langen Predigten aufhält, zieht sich die Zeremonie aufgrund der großen Anzahl von Täuflingen unglaublich in die Länge. Noch weit länger aber dauert das anschließende Fotoshooting. Alle Familien fotografieren sich in sämtlichen möglichen Konstellationen, da jeder einzelne Fotograf natürlich selbst auf einem Bild verewigt sein will. Endlich geht es bei strömendem Regen zurück nach La Florida. Es ist inzwischen 23 Uhr. Gegen Mitternacht beginnt meine Abschiedsfeier, bei der ich wieder in die Torte beiße und dann nicht nur mit Wilfrido, dem schönsten Jüngling des Dorfes tanze, sondern auch mit Don Victor live, darauf bestehen alle Damen!

Um zwei Uhr früh startet Lobos Neffe und Chauffeur nach Cuenca. Auf der vierstündigen Fahrt mache ich kein Auge zu, als ich merke, dass dem Chauffeur ständig die Augen zufallen. Ich verwickle ihn vom Rücksitz aus in Gespräche, ziehe ihn an den Haaren und befehle ihm am Pass in 3800 Metern Höhe auszusteigen und sich eine Flasche Wasser über den Kopf zu schütten. Um sechs Uhr früh landen wir lebend in Cuenca, amen.

MASCHINEN KAUFEN

Wie kauft man als Gringa in Ecuador Kakaomaschinen? Man kennt entfernt einen Kärntner Grindio. Und man hat jede Menge Freunde, die einen mit Ratschlägen versorgen. Lobo, ein alter Bekannter und Baufirmen-Inhaber aus Cuenca. Arqui, der Tausendsassa. Die Mitarbeiterinnen der Pfarre in Cuenca, in die Padre Teodoro inzwischen als Leiter versetzt wurde.

Alle diese Freunde kennen einen Kakaomaschinen-Hersteller in Cuenca, und als wir uns in der Pfarre treffen, um gemeinsam die Fahrt zu diesem geheimnisvollen Mann zu planen, stellt sich heraus, dass es ohnehin der Grindio ist!

Lobo, der Arqui, Doña Laura und ich fahren also zu Hermann Svetnik, dem Grindio. Beinahe drei Stunden zähe Verhandlungen auf Spanisch und Kärntnerisch folgen. Meine 5000 Dollar habe ich auf 10.000 aufgestockt, das ist der Kostenrahmen, in dem wir uns bewegen. Die Bauern von La Florida wollen so *viele* Maschinen wie möglich, so *billig* wie möglich und so *bald* wie möglich haben.

Hermann bietet wenige Maschinen zu einem stolzen Preis und frühestens nächstes Jahr. „Meine Maschinen haben ihren Preis, da wird nicht gehandelt. Qualität kostet Geld. Qualität kostet Zeit. Ich muss einen hochwertigen Motor extra aus Italien bestellen. Und deshalb kann ich auch nicht einen früheren Termin zusagen. Aber dafür halte ich meine zugesagten Termine auch wirklich ein, was hierzulande ja nicht üblich ist!"

Telefonate mit La Florida ergeben: Diese Variante erscheint den Leuten eine Nummer zu groß. Zumal Don Lobo plötzlich einfällt, dass es einen Konkurrenten gibt, der billiger produziert.

Beim Konkurrenten Rómulo Ruiz in Cuenca verlaufen die Verhandlungen zwar ebenfalls zäh, aber doch anders. Der Auftrag erscheint ihm groß, den will er haben. Dafür lässt er mit sich handeln, das ist in Ecuador nichts Außergewöhnliches. Eine Maschine, um die Bohnen nach Größe zu sortieren, Röstmaschine, Schälmaschine, Mühle, Kühlmaschine ... Alles zusammen verspricht Rómulo bis zum Jahresende für (zufällig) genau 10.000 Dollar zu produzieren! Wir setzen einen Vertrag auf, in den ich Strafabzüge hineinreklamiere, sollte er den Zeitplan nicht einhalten. Ich werde das Geld an Don Lobo überweisen, dieser wird die Zahlung an Rómulo verwalten.

Alle sind glücklich: die Bauern von La Florida, Rómulo, der Händler, und Lobo, der Vermittler.

HAPPY END?

Was ist ein Happy End? Das ist das glückliche Ende einer Geschichte. Ob eine Geschichte gut oder schlecht ausgeht, hängt einzig und allein davon ab, wo man aufhört, sie zu erzählen. Würde die Geschichte einer Gringa hier enden, hätte sie zweifelsohne ein Happy End. Leider endet die Geschichte nicht hier.

Die Maschinen wurden nicht bis Ende 2012 fertiggestellt. Auch nicht 2013. Und 2014, 2015 ebenfalls nicht. Bis heute lagern sie an irgendeinem Ort, ohne je funktioniert zu haben.

Die Bevölkerung von La Florida musste „zu Testzwecken" immer wieder gratis Kakaobohnen höchster Qualität an Rómulo liefern. Inzwischen ist den Leuten der Kampf zu mühsam, zumal eine Busfahrt von La Florida nach Cuenca vier Stunden dauert und für ihre Verhältnisse teuer ist. Den Kampf überlassen sie also lieber der Gringa in 10.000 Kilometer Entfernung.

Rómulo beantwortet keine Telefonanrufe. Gelegentlich versichert er der Gringa, die ihn per Mail bedroht, er sei „derzeit in der Klemme, aber demnächst werde er alles liefern."

Viele Fragen bleiben offen: Was ist mit dem Geld geschehen?

Ist es je bei Rómulo angekommen?

Wo lagern die Maschinen und werden sie in Zukunft funktionieren?

Wird die Gringa zurückkehren, um reinen Tisch zu machen?

Und gibt es irgendwann doch ein punktuelles Happy End?

La esperanza es lo último que se pierde.
(Die Hoffnung stirbt zuletzt.)

DANK

Die Personen und die Handlung dieses Buches sind nicht frei erfunden. Etwaige Ähnlichkeiten mit tatsächlichen Begebenheiten oder lebenden Personen sind nicht rein zufällig. Im Gegenteil: Dieses Buch wäre ohne Aktivitäten, Berichte und Erzählungen der handelnden Personen nie zustande gekommen.

Daher danke ich allen, die meine Aufenthalte in Ecuador in eine einzigartige, skurrile und wertvolle Lebenserfahrung verwandelt haben.

Ganz besonders hervorheben möchte ich Padre Teodoro, der nicht nur Anlass für angeregte philosophische Diskurse sowie viele charismatische und verrückte, heroische und chaotische Erlebnisse war, sondern auch ein nie versiegender Quell lustiger und trauriger Anekdoten, die Eingang in meine Erzählung gefunden haben.

Noemí Molina danke ich für ihre bewegende Fluchtgeschichte, die sie mit großer Überwindung und erst nach vielen vergeblichen Versuchen zu Papier gebracht hat.

Mein Sohn Niklas hat meinen ersten Aufenthalt durch seine stets positive Kontaktfreudigkeit eingefädelt und meine Tochter Lore hat mit Adleraugen und konstruktiver strenger Kritik Schwachstellen in der Niederschrift entdeckt und Vorschläge eingebracht.